Band 80

OUTDOOR
HANDBUCH

Peru: Inka Trail
und Region Cusco

Lars Schnei[illegible]

DER WEG IST DAS ZIEL

Peru: Inka Trail

1. Auflage 1999

Dieses OutdoorHandbuch wurde konzipiert und redaktionell erstellt vom
Conrad Stein Verlag, In der Mühle, 25821 Struckum
☏ 04671 / 93 13 14, FAX 04671 / 93 13 15
e-mail: <outdoor@tng.de> internet: <http://outdoor.tng.de>
für die OutdoorHandbuch Stein KG, Struckum
Auslieferung für den Buchhandel: (D) Prolit, Fernwald, und alle Barsortimente
(CH) AVA-buch 2000, Affoltern, (A) Freytag & Berndt, Wien

Der Autor ist für Lesertips und Verbesserungen unter Angabe der Auflagen- und Seitennummer dankbar. Leser, deren Einsendung verwertet wird, werden in der nächsten Ausgabe genannt und erhalten als Dank ein Exemplar der neuen Auflage oder ein anderes Buch ihrer Wahl aus dem Programm des Verlags.

Text und Fotos — Lars Schneider
Lektorat — Karen Thomsen
Karten und Pläne — Verena Greim
Gesamtherstellung — Breklumer Druckerei

Das Titelfoto zeigt die Ruinen von Machu Picchu.

Vom selben Autor sind im Conrad Stein Verlag ebenfalls die OutdoorHandbücher SCHWEDEN: DALSLAND KANAL und BOLIVIEN: CHORO TRAIL. erschienen.

Dieses OutdoorHandbuch hat 123 Seiten, 15 farbige Abbildungen sowie 13 Karten. Es wurde auf chlorfrei gebleichtem Papier gedruckt und der besseren Haltbarkeit wegen fadengeheftet.

ISBN 3-89392-180-X
0022001100

Inhalt

Reise-Infos von A bis Z 7

Anreise über Peru	7	Impfungen	24
Anreise über Bolivien	8	Informationen	26
Anreise zum Trail	9	Internet	26
Ausrüstung	10	Karten	27
Ausrüstungsliste	13	Klima, Literatur	28
Ausrüstungsläden und -verleih	15	Post und Telekommunikation	28
Diplomatische Vertretungen	16	Radfahren	29
Einreisebestimmungen	16	Reisezeit, Sicherheit/Gefahren	30
Familienurlaub/Kinder	16	Solo- und Gruppentouren	33
Flora und Fauna	17	Trinkwasser	35
Fotografieren	18	Übernachten, Umweltschutz	35
Geld	20	Verpflegung	36
Gesundheit	21	Zeit	37

Cusco und Umgebung 38

Cusco 41
- Service Cusco 47

Ausflüge/Aktivitäten in und um Cusco 56
- Saksayhuaman 56
- Tambo Machay, Puka Pukara 58
- Qenko 59

Aguas Calientes 59

Valle Sagrado de los Incas 63

Chinchero 63
Moray/Salinas 64
Ollantaytambo 66
Pisac 67
Urubamba 71

Inka Trail 73

Chilca, km 77	-	km 82	5 km	74
km 82	-	Wayllabamba	12 km	76
Inka-Trail-Übersichtskarte				**79**
Wayllabamba	-	Pacaymayu	12 km	86
Pacaymayu	-	Phuyupatamarca	10 km	91
Phuyupatamarca	-	Wiñay Wayna	6 km	98
Wiñay Wayna	-	Machu Picchu	7 km	103

Machu Picchu 107

Inka Trail ab Bahn-km 104 106

Symbole

- Achtung
- Apotheke
- Aussichtspunkt
- Bahn
- Bank/Bankautomat
- Buchtip
- Bus
- Einkaufen, Dorfladen
- E-mail-Adresse
- Flug
- Hotel/Unterkunft
- Information
- Internetadresse
- Lagerplatz
- Museum, Ruine
- geöffnet...
- Post
- Radfahren
- Restaurant
- Tip
- Ärgernis
- Touristenbüro
- Verweis

Vorwort

Auf dem Globus gibt es kaum einen Weg, der so bekannt und populär ist, wie der Inka Trail. Jahr für Jahr zieht er Menschen aus allen Ecken der Erde an, die für einige Tage durch eine grandiose Landschaft laufen möchten, um am Ende ihrer Strapazen einen Blick auf Machu Picchu, die geheimnisvolle Stadt der Inkas, werfen und durch ihre Mauern schreiten zu können.

Zwar kann man die Ruinen, die erst 1911 durch die Entdeckung des Amerikaners Hiram Bingham aus ihrem Dornröschenschlaf gerissen wurden, auch per Zug oder im Hubschrauber erreichen (eine Straße führt nicht dorthin), doch ist es sehr viel schöner und angemessener, sich diesem mystischen Ort zu Fuß, mit seiner eigenen Muskelkraft, Schritt für Schritt zu nähern und dabei unterwegs immer wieder auf Zeugnisse der vergangenen Kultur zu stoßen.

Normalerweise verbringen Wanderer vier bis fünf Tage auf dem Trail und folgen auf großen Teilen demselben Weg, über den vor über 400 Jahren die Inkas auf dem Weg nach Machu Picchu geschritten - beim Überbringen wichtiger Botschaften natürlich gespurtet - sind. Dabei läuft man durch ganz verschiedene Vegetationszonen und überquert drei Pässe, von denen der höchste auf knapp 4.200 m liegt. Gute Kondition ist dafür selbstverständlich erforderlich, doch wer sich nicht unter der Last eines großen Rucksacks quälen möchte, kann auch recht gemütlich im Rahmen einer Gruppentour mit Trägern zum Ziel kommen, und dabei nur einen leichten Tagesrucksack mit etwas Wasser, ein paar Schokoriegeln und vielleicht einer Kamera auf dem Buckel haben.

Cusco, der "Nabel der Erde", wie die Stadt, die normalerweise Ausgangspunkt für die Wandertouren ist, einst von den Inkas genannt wurde, hat sich auf den Ansturm von Wanderwilligen eingestellt und bietet hinsichtlich des Inka Trails für jeden Geschmack etwas: unzählige Veranstalter verschiedener Qualitäts- und Preisklassen bieten geführte Touren an, Schwarze Bretter in Hotels helfen beim Aufspüren von Wanderpartnern, Ausrüstung kann gemietet werden, Träger werden vermittelt ... Auch wer noch nie eine längere Strecke gewandert ist, findet entsprechende Hilfe und hat schon nach wenigen Tagen den Trail unter den Füßen.

Natürlich kann man auf dem Inka Trail nicht auf große Einsamkeit und Ruhe hoffen, da in der Hauptsaison täglich hunderte von Trekkern die Wanderung beginnen. Wer aber seinen Traum verwirklichen will, Machu Picchu zu Fuß zu erreichen, und sich auf die Gesellschaft unterwegs einstellt, der wird trotz alledem Großartiges erleben und viele traumhafte Erinnerungen mit nach Hause nehmen.

Und es gibt noch weitaus mehr zu entdecken in diesem Teil der peruanischen Anden als allein Machu Picchu und den Inka Trail. Cusco und die Umgebung warten mit unzähligen schönen Bauwerken, sehenswerten Inkaruinen, pittoresken Dörfern, farbenfrohen Märkten und einer großartigen Landschaft, so daß dort einige Tage Aufenthalt wie im Fluge vergehen werden. Und weil es in der "Region Cusco" soviel zu sehen und unternehmen gibt, ist dieses OutdoorHandbuch kein reines Wanderbuch geworden, sondern enthält auch alles Wissenswerte für das "Drumherum" des Inka Trails.

Lars Schneider

Danke

Ich möchte meinen Wanderpartnern für ihre Gesellschaft auf dem Trail danken sowie all jenen, die mich vor Ort mit Informationen für dieses Buch versorgt und bereitwillig alle meine Fragen beantwortet haben.

Des weiteren möchte ich Aerolineas Argentinas, der Firma Meindl, Pit Rauert und der Firma Jack Wolfskin sowie Ditmar Bosecke und Globetrotter in Hamburg für ihre Unterstützung bei der Ausrüstung und Dr. Götze Land & Karte sowie Sylvia Korbmann für die Hilfe danken.

Für die Durchsicht des Manuskripts und für zahlreiche Tips und Anregungen danke ich Stefan Arndt und Evangelos Kotsopoulos.

Über den Autor

Lars Schneider, Jahrgang 1975, begann früh mit dem Reisen. Fahrrad-, Kanu- und Wandertouren, angefangen in Norddeutschland, Südeuropa und Skandinavien, führten schließlich zu immer ferneren Zielen wie nach Südamerika, Kanada und Alaska. Nach einer Radtour durch Bolivien, Chile und Argentinien 1994, bereiste er 1998 erneut Bolivien und Peru für mehrere Monate.

Seit einigen Jahren schreibt er über seine Reisen und veröffentlichte bisher Artikel und Fotos in verschiedenen Reisemagazinen sowie ein OutdoorHandbuch SCHWEDEN: DALSLAND-KANAL und das Outdoor-Handbuch BOLIVIEN: CHORO TRAIL.

Reise-Infos von A bis Z

Anreise über Peru

Es gibt zwei Möglichkeiten, zum Inka Trail bzw. nach Cusco, dem Ausgangspunkt für Touren dorthin, zu kommen: Entweder fliegt man bis nach Cusco und legt nur einen Zwischenstop von ein paar Stunden oder Tagen in Lima ein oder man beendet seine Flugreise in der Hauptstadt und nimmt die Überlandroute.

Rund 90% aller Peru-Reisenden bevorzugen die erste Variante und sind schon eine Stunde nach dem Start an der Pazifikküste mitten in den Anden, wo sie schnaufend über die Plaza de Armas von Cusco laufen und von ersten Souvenirverkäufern bedrängt werden. Wer viel Zeit hat und sich dem "Nabel der Erde" langsam nähern will, steigt in Lima in den Bus und braucht ein paar Tage bis zu den Souvenirs.

Zugegeben, die Überlandtour ist mühsam und anstrengend und man sitzt mindestens drei Tage und eine Nacht in engen, staubigen, lärmenden und völlig überfüllten Bussen, die über abenteuerliche, unbefestigte Straßen brettern, neben denen es teilweise mehrere hundert Meter in die Tiefe geht. Doch man lernt auf diese Weise auch das Peru kennen, das es in und um Cusco so nicht gibt.

Die auf der Strecke liegenden Städte Huancayo, Ayacucho und Andahuaylas sind noch nicht von Touristenmassen verdorben, und man kann herrliche Ausflüge in die fast gänzlich unerschlossene Umgebung machen. Wer ein paar Brocken Spanisch spricht, kommt schnell mit Einheimischen ins Gespräch.

Die Gefahren durch den Terrorismus, die noch vor einigen Jahren diese Route besonders für Ausländer extrem gefährlich gemacht haben, sind mittlerweile glücklicherweise gebannt.

Für Leute mit wenig Zeit ist ein Weiterflug von Lima sicherlich sinnvoll, vor allem, um neben der Wanderung auf dem Inka Trail auch noch Zeit für die Umgebung von Cusco zur Verfügung zu haben.

Fluggesellschaften, die Flüge von Europa nach Lima anbieten, sind z.B. Aerolineas Argentinas, Lufthansa, Iberia, Varig, Alitalia, KLM und American Airlines. Die meisten Flüge gehen dabei ab Frankfurt, einige über Madrid oder Amsterdam. Normalerweise wird ein Zwischenstop in Südamerika, je nach Airline z.B. in Buenos Aires, São Paulo, Rio de Janeiro oder Bogotá, eingelegt. Die Preise liegen zwischen ca. DM 1.300 und über DM 2.000. Immer wieder gibt es Sondertarife, Schüler und Studenten bekommen von einigen Anbietern Ermäßigungen, außerdem hängen die Preise von der Jahreszeit und Ferienterminen ab. Günstige Tickets gibt's oft bei Südamerika-Veranstaltern oder bei Flugbörsen und in Reisebüros in den Univierteln vieler Städte, wo man sich auf günstiges Reisen spezialisiert hat. Immer sollte man mehrere Preise einholen und vergleichen!

Zwar ist es möglich, einen Verbindungsflug nach Cusco mit den nationalen Fluggesellschaften Aero Peru oder Aero Continente schon von zu Hause zu buchen, doch sind die Tarife von Lima aus meist etwas günstiger. Wer ein paar Tage in der Stadt bleibt, kann gut dort buchen, bekommt aber in der Hauptsaison (☞ Reisezeit) trotz der Vielzahl von Flügen vielleicht keinen Platz zum gewünschten Termin.

Auch übers Internet können Preise eingeholt und Flüge gebucht werden.

- www.aer.de - Arbeitsgemeinschaft Europäischer Reiseunternehmen e.V.
- www.take-off-reisen.com - Take Off Reisen
- www.bombastic.micronet.de - Bombastic Reisebörse

☺ Auf jeden Fall so früh wie möglich buchen. Teilweise garantiert nur ein halbes Jahr Vorlauf einen freien Sitzplatz zum gewünschten Datum.

Anreise über Bolivien

Viele Urlauber besuchen auf einer Südamerikareise neben Peru auch Bolivien. Von La Paz in Bolivien, sind es im Bus nur etwa 24 Stunden nach Cusco. Wer viel Zeit hat, kann einen Zwischenstop am Titicaca See einlegen, der sich entweder in Copacabana (Bolivien) oder in Puno (Peru) anbietet.

Von Puno kann man dann entweder mit einem Bus (meist nachts) nach Cusco weiterfahren oder man nimmt den **Zug**, der viermal wöchentlich fährt. Dieser ist zwar ein wenig teurer, aber sehr viel bequemer. Man kann herumlaufen und sich auf den Eingangsstufen sitzend den Fahrtwind um die Nase wehen und das Ichugras um die Füße streifen lassen. Selbst in der günstigsten Klasse (Economico, Soles 25) gibt es Polstersessel und Tische, in der Ersten (Inka, US$ 23) und Zweiten (Pullmann, US$ 19) kommen noch Heizung und zurückklappbare Rückenlehnen dazu.

- **Abfahrtszeiten Puno-Cusco**: Mo, Mi, Do, Sa; ab Puno 8:00, an Cusco 18:30.

☺ Da man zwar auch in Reisebüros Tickets kaufen kann, diese aber immer ein paar Dollar aufschlagen, ist es ratsam, sich die Karten am Vortag am Bahnhof zu besorgen.

Die relativ guten **Direktbusse** von verschiedenen Touristik-unternehmen verlassen La Paz in der Regel um 8:00 und erreichen ihr Ziel am nächsten Morgen. Da die Nächte sehr kalt werden können, ist es ratsam, sich den Schlafsack oder dicke Kleidung mit in den Bus zu nehmen. Die Fahrkarten kauft man am einfachsten im Busbahnhof von La Paz, wo es mehrere Anbieter gibt (herumfragen und handeln).

♦ Kosten: La Paz - Cusco: ca. US$ 20.

Anreise zum Trail

In den Anfängen der Inka Trail Wanderungen wurde fast immer am Bahnhof vom "Kilometer 88" gestartet, von wo aus der Trail bis Machu Picchu noch etwa 40 km lang ist. Auch heute kann man noch dort starten, doch beginnen manche Gruppen ihre Tour auch in Chilca, am "Kilometer 77" oder am "Kilometer 82".

Start in Chilca (km 77)

Nur wenige organisierte Touren und Einzelwanderer starten in Chilca. Wer hier losläuft, hat die längste Variante des Inka Trails gewählt und hat etwa 52 km bis Machu Picchu vor sich.

Chilca erreicht man entweder mit dem Lokalzug oder per Bus. Da öffentliche Busse das Urubamba Tal nur sehr unregelmäßig bis Chilca hinauffahren (von Cusco aus müßte man zunächst über Urubamba nach Ollantaytambo fahren, und von dort sein Glück versuchen, am besten geht's nachmittags an den Markttagen Mo, Mi u. Fr.), ist es ratsam, sich an einen Veranstalter zu wenden und einen Sitzplatz im Bus einer organisierten Wandergruppe zu buchen.

♦ SAS Travel, Portal de Panes 143, Plaza de Armas, ☎ + FAX 237292 + ☎ + FAX /225757, Transport nach Chilca, US$ 7.

Start am km 82

Am "km 82" liegt der Endpunkt der Straße, die parallel zum Río Urubamba und der Eisenbahnstrecke verläuft. Hier starten fast ausschließlich Gruppentouren und nur selten Einzelwanderer. Direkt unterhalb des Bahnhofs überquert man eine Hängebrücke und schon befindet man sich auf dem Inka Trail. Einzelwanderer, die im Bus bis hierher fahren möchten, können oft einen Platz im Bus einer organisierten Tour buchen, und müssen nur ein paar Dollar für die Anfahrt zahlen.

Start am km 88

Zum "km 88" kommt man nur per Bahn, und das auch nur mit dem Lokalzug, der einmal am Tag frühmorgens hier hält. Der *Tren de Turismo* und der *Autovagon* halten in der Regel nicht hier, man kann höchstens versuchen, die gesamte Fahrt zu bezahlen und den Schaffner mit einem netten Lächeln oder einem Trinkgeld dazu zu bringen, den Zug kurz anzuhalten. Auch der Lokalzug hat keinen offiziellen Halt am km 88, weshalb man dem Schaffner rechtzeitig signalisieren muß, daß man aussteigen will. Da der Zug meist völlig überfüllt ist, sollte man sich rechtzeitig auf den Weg in Richtung Tür begeben, um auch hinauszukommen.

☞ Der Zug ist bekannt für seine "festangestellten" Gauner und Taschendiebe, also: Augen auf!

Start am km 104

Auch den Ausgangspunkt dieser Kurzvariante des Inka Trails erreicht man nur per Lokalzug. Dem Schaffner muß rechtzeitig Bescheid gesagt werden, daß man am "km 104" den Zug verlassen will.

Ausrüstung

Viele werden sich Teile ihrer Ausrüstung unter Umständen erst in Cusco leihen. Dort ist die Auswahl begrenzt, und einige der folgenden Tips sind kaum relevant, da man meist keine Wahl hat. Wer sich jedoch vor der Abreise z.B. einen neuen Rucksack oder Schlafsack kaufen will, der sollte erst einmal weiterlesen und danach kaufen.

Rucksack

Auf jeden Fall sollte auf das Gesamtgewicht des Rucksacks geachtet werden, denn sonst wird die Tour unter Umständen zur Tortour. Es gibt unzählige Richtlinien, Umrechnungsfaktoren und Empfehlungen, wie hoch das maximale Gewicht eines Rucksacks sein sollte.

Letztendlich muß zwar jeder für sich entscheiden, wieviel er auf eine Tour mitnehmen und dementsprechend tragen will, aber als Grundsatz kann man sagen: Frauen sollten nicht mehr als 15 kg, Männer nicht mehr als 20 kg tragen. Je weniger man auf dem Buckel hat, desto mehr Spaß macht das Wandern, desto mehr kann man die Umgebung genießen.

Sehr wichtig ist, daß man einen Rucksack kauft, der zu seinem Körper paßt. Schon aus diesem Grund, sollte man ein Fachgeschäft aufsuchen, sich beraten lassen und verschiedene, mit einem realistischen Gewicht beladene Modelle ausprobieren. Den Rucksack auf jeden Fall nicht zu klein wählen, damit nicht die Hälfte der Ausrüstung mit Riemen irgendwo außen befestigt werden muß.

Wenn es dann ans Packen geht, wirklich rigoros sein und alles, was nicht unbedingt mit muß, wieder hinauswerfen. Viel Gewicht bringen z.B. Verpackungen aus Metall und Glas auf die Waage, also möglichst vermeiden. Und nicht vergessen: viel Kleinkram wiegt auch viel!

Da kein Rucksack wirklich wasserdicht ist und auch bei beschichteten Materialien an Nähten und Reißverschlüssen immer Feuchtigkeit eintritt, sollten alle wichtigen Gegenstände zusätzlich in Plastiktüten eingepackt werden. Noch besser funktioniert ein Regenüberzug.

Schlafsack

Als Schlafsack stehen zwei Typen zur Wahl: Daunen- und Kunstfasermodelle. Hat man mit Daunen als Füllmaterial den Vorteil einer hohen Wärmeleistung bei einem relativ kleinen Volumen und Gewicht, besteht auf der anderen Seite der Nachteil, daß sie leicht Feuchtigkeit aufnehmen, langsam trocknen und in nassem Zustand kaum noch isolieren, sprich wärmen können.

Kunstfaserschlafsäcke sind im Vergleich zwar schwerer und haben ein höheres Packmaß, wenn sie identische Leistungen eines Daunenmodells erreichen wollen, doch haben sie den Vorteil, daß sie selbst in feuchtem Zustand noch relativ gut wärmen.

Der Komfortbereich des Schlafsacks sollte bis mindestens 0° reichen, da man sich auf dem Trail, abgesehen vom Start- und Endpunkt, durchweg auf über 2.500 m befindet.

Zelt

Auf dem Trail können freistehende, sogenannte geodätische Zelttypen genauso eingesetzt werden, wie Tunnelzelte und andere Modelle, die mit Heringen fixiert werden müssen. Da es an den Übernachtungsplätzen fast immer kleine, ebene Terrassen für die Zelte gibt und der Boden gut ist, kann man auch problemlos Heringe in den Boden treiben und die Wände abspannen.

Es hängt natürlich von der Anzahl der Personen ab, wie groß ein Zelt sein muß, doch ist es auf dem Inka Trail wichtig, daß man auch zu zweit oder dritt noch soviel Platz hat, daß man möglichst die gesamte Ausrüstung mit ins Zelt bekommt, selbst die Schuhe. Nicht selten passiert es, daß draußen stehengelassene Gegenstände gestohlen werden.

Kleidung

Wie bei den Schlafsäcken, muß auch bei der Kleidung bedacht werden, daß der Trail in einer großen Höhe verläuft und es besonders an den Pässen, die allesamt über 3.500 m liegen, ziemlich ungemütlich und kalt werden kann. Da es aber an sonnigen Tagen normalerweise auch recht warm ist, empfiehlt sich das Zwiebelprinzip. Das heißt, daß man je nach Temperatur eine Kleidungsschicht zu- oder ablegen kann. Shorts und kurzärmelige T-Shirts gehören genauso ins Gepäck, wie lange Hosen und ein warmer Pullover, sowie Regenjacke und -hose. Eine Mütze gegen die mögliche Kälte und einen Hut oder ein Cap gegen die Sonne sind sehr sinnvoll. Ein Halstuch findet vielseitige Verwendung bei Halsschmerzen, als Kopftuch, zum Abbinden von Wunden, usw.

Da bei schlechtem Wetter eine kurze Trocknungszeit von Vorteil ist, empfiehlt sich neben der Regenbekleidung Kleidung aus Kunstfasern, wie Polyester, Polypropylen oder Polartec (Fleece). Sie nehmen nur wenig Wasser auf und wärmen selbst in nassem Zustand noch. Unterwäsche aus Kunstfasern (z.B. Warm n' Up Wäsche von Jack Wolfskin) leitet außerdem die Feuchtigkeit schnell vom Körper weg und hält ihn so warm.

Schuhe

Festes Schuhwerk ist auf dem Inka Trail ein Muß, auch wenn man ständig von rasend schnellen Trägern überholt wird, die in Sandalen davonsprinten. Die Wahl zwischen leichteren Trekkingschuhen oder festeren Wanderstiefeln sei jedem selbst überlassen (und sollte wohl auch etwas auf die Art des restlichen Urlaubs abgestimmt werden). Auf jeden Fall müssen die Schuhe den Knöchelbereich umschließen und schützen.

Wer sich für seine Wanderung auf dem Inka Trail neue Stiefel kaufen will, sollte daran denken, daß er sie schon zu Hause einläuft und so der Blasenbildung vorbeugt. Für die Vermeidung von wunden Füßen ist auch die Wahl der Socken sehr wichtig. Bewährt hat sich eine Kombination aus einem Paar sehr dünner Mikrofaser Socken mit einem Paar dickeren Wandersocken, die darübergezogen werden.

Fürs Lagerleben, eine Auslüftungsphase der Stiefel und eventuelle Bachüberquerungen eignen sich Sportsandalen (z.B. von Teva) sehr gut. Außerdem sind sie leicht und besser zu verstauen, als Turnschuhe.

Kocher und Brennstoff

Persönlich bevorzuge ich Benzinkocher, da sie robuster sind und vor allem in der Höhe besser arbeiten als Gasmodelle. Zudem kann bei guten Kochern notfalls auch Autobenzin verwendet werden, das man an fast jedem Ort der Welt bekommt.

Spiritus für einen Trangia-Kocher (zu dessem Set übrigens zwei Töpfe, eine Pfanne und ein kleiner Wasserkessel gehören) ist auf den Märkten erhältlich.

Wer eine Gruppentour bucht, braucht sich um einen Kocher keine Gedanken zu machen, da man bekocht wird. Will man sich in Cusco einen Kocher mieten, stehen in vielen Läden neben Gas- auch Benzinkocher in den Regalen und es gibt Kartuschen ebenso wie Campingbenzin zu kaufen, so daß man die Qual der Wahl hat. Auf dem Trail sind beide Kocher gut aufgehoben.

Wanderstock

Beim Auf- und Absteigen und den hohen Stufen, mit denen der Weg auf einigen Abschnitten gespickt ist, werden die Knie sehr stark belastet. Wanderstöcke helfen hier sehr und beugen Gelenkproblemen vor. Sie entlasten die Wirbelsäule und Kniegelenke besonders beim Bergabgehen extrem. Studien haben ergeben, daß sich die Entlastung während einer achtstündigen Tour auf bis zu 250 t summiert.

Am günstigsten sind sie in der Form von Teleskopstöcken, die Skistöcken sehr ähneln, nur den Vorteil haben, daß sie zusammengeschoben und so leichter transportiert werden können. Außerdem kann bei ihnen die Länge gut auf das Terrain eingestellt werden.

Sonnenschutz

Neben einem Hut oder einem Cap und einer guten Sonnenbrille, sollte vor allem an Schutzcreme für Gesicht und andere unbedeckte Hautpartien sowie an einen Lippenstift mit einem UV-Faktor von mindestens 20 gedacht werden.

Sonstiges

Da das Wasser aus Bächen und Wasserhähnen entlang des Trails zwar trinkbar ist, auf jeden Fall aber vor dem Verzehr behandelt werden muß, sollte *Certisil* oder ein anderes Wasserentkeimungsmittel wie *Micropur* nicht im Gepäck fehlen. Weil die Tropfen oder Tabletten normalerweise länger einwirken müssen, sollte man **zwei Trinkflaschen** mitnehmen, um jeweils in einer von ihnen genießbares Wasser zu haben, während in der anderen das Mittel einwirken kann.

Mit umweltschonender **Bioseife** kann man sich selbst und seine Kleidung waschen und das Geschirrspülmittel ersetzen. Extrem saugfähige, schnell trocknende und dabei sehr kleine und leichte **Reisehandtücher** verringern das Gewicht des Rucksacks.

☺ Bei allen Dingen, die man sich für eine Reise nach Peru kauft, sollte man lieber etwas mehr Geld für gute Qualität ausgeben. Denn vor Ort etwas gleichwertiges nachzukaufen ist sehr schwer, bei einigen Dingen gar unmöglich. Bei defekten Ausrüstungsgegenständen sind Straßenschuster manchmal die einzige Rettung. Mit einem kleinen Stand und einer uralten Nähmaschine flicken sie Rucksäcke, Schuhe und vieles mehr für wenig Geld.

Ausrüstungsliste

Hier meine Ausrüstungsliste für den Inka Trail als Anhaltspunkt. Jeder wird die eine oder andere Ergänzung haben oder Dinge streichen.

Campingausrüstung

- ☐ Rucksack
- ☐ Regenüberzug für den Rucksack
- ☐ Schlafsack
- ☐ Liegematte
- ☐ Zelt
- ☐ Zeltunterlage
- ☐ Kocher mit Brennstoff
- ☐ Kochgeschirr (1 Topf, Deckel, Pfanne, Teller, Becher)
- ☐ Eßbesteck
- ☐ großes Messer
- ☐ Wasserflaschen (z.B.: von Sigg für insgesamt mind. 2 l)
- ☐ Wassersack
- ☐ Taschenlampe und/oder Zeltlaterne

Kleidung

- ☐ 2 x Funktionsunterwäsche
- ☐ 1 x normale Unterwäsche
- ☐ 3 Paar Socken
- ☐ 3 T-Shirts
- ☐ 1 Shorts
- ☐ 1 lange Trekkinghose
- ☐ Fleece Hose
- ☐ Fleece Jacke
- ☐ Regenjacke, Regenhose
- ☐ Wanderstiefel (z.B. Meindl "Island")
- ☐ Sandalen
- ☐ Mütze
- ☐ Cap oder Hut
- ☐ Halstuch

Andere "Kleinigkeiten"

- ☐ Streichhölzer/Feuerzeug
- ☐ Sonnenbrille
- ☐ Sonnencreme (wasser- bzw. schweißfest, mind. LSF 20)
- ☐ Lippenschutzcreme
- ☐ Fototasche (z.B. "Aqua Zoom" von Ortlieb)
- ☐ Fotoausrüstung
- ☐ Filmmaterial
- ☐ Ersatzbatterien
- ☐ Seil (z.B. als Wäscheleine)
- ☐ Waschutensilien (Zahnbürste, Zahnpasta...)
- ☐ Bioseife
- ☐ Handtuch

- ☐ Erste-Hilfe-Set (☞ Gesundheit: Bestückung Erste-Hilfe-Set)
- ☐ Schreibzeug (Stifte, Block, Notizbuch,...)
- ☐ Tagebuch
- ☐ Literatur für Zeltabende
- ☐ Karte
- ☐ Plastiktüten
- ☐ Wasserentkeimer oder -filter
- ☐ Taschenmesser
- ☐ Toilettenpapier
- ☐ Nähzeug
- ☐ Mückenschutz
- ☐ Multifunktionswerkzeug (z.B.: Gerber, Leatherman)
- ☐ Kabelbinder (für Reparaturen)
- ☐ Teleskopstöcke
- ☐ Sicherheitsnadeln
- ☐ ... und natürlich dieses OutdoorHandbuch!

Ausrüstungsläden und -verleih

Vor allem das Zentrum von Cusco ist übersät mit Läden, die Touren auf dem Inka Trail oder andere Outdoor-Erlebnisse anbieten, Ausrüstung vermieten und verkaufen oder eine Kombination all dieser Dinge an den Mann und die Frau bringen wollen. Viele Reisende wollen zwar auf den Inka Trail, doch da die Wanderung oft die einzige Woche des gesamten Urlaubs ist, in der Schlafsäcke, Isomatten, Zelte, Kocher, usw. gebraucht werden, mieten sich die meisten Leute ihre Ausrüstung in Cusco. Man bekommt dort wirklich alles und neben den oben genannten Gegenständen in einigen Läden auch Rucksäcke, Wanderschuhe und Regenbekleidung.

Obwohl ein extremer Wettbewerb herrscht, läßt die Qualität der Mietgegenstände oft zu wünschen übrig. Wer sich also seine Ausrüstung erst in Cusco besorgt, sollte alles genau untersuchen, bevor er bezahlt und loswandert. (Zelte auf jeden Fall aufbauen!)

Wer eine organisierte Tour bucht, bekommt den Großteil der Ausrüstung gestellt, ein Schlafsack muß immer zusätzlich gemietet werden.

Die Preise sind bei den meisten Vermietern (Adressen, ☞ Cusco) recht ähnlich, hier einige Beispiele (US$/Tag):

Zelt, 2 Pers.	2,00	Isomatte	0,50
Zelt, 3 Pers.	3,00	Kocher	1,50
Schlafsack	2,00	Rucksack (60 l)	1,50

Wer dringend etwas nachkaufen muß, kann entweder versuchen, über Anschläge an Schwarzen Brettern in Hotels Gebrauchtes zu bekommen oder kann es z.B. hier versuchen:

♦ Soqllaq'asa Camping Service, Calle Plateros 359, ☏ 252560/222224, Ankauf-Verkauf-Verleih.

Diplomatische Vertretungen

in Peru ...

(D) Deutsche Botschaft, Av. Arequipa 4210, Miraflores, Lima, ☏ 01-422-4919, FAX 01-422-6475, (9-12 Uhr).

♦ Deutsches Honorarkonsulat in Cusco, Frau Maria Jürgens de Hermoza, Calle San Augustín 307, ☏ 084-23-5459, werktags 9:00-12:00.

(A) Österreichische Botschaft, Edificio de las Naciones, Av. Central 643, San Isidro, Lima, ☏ 01-442-0503, FAX 01-44-28851, werktags 9:00-12:00.

♦ Österreichisches Honorarkonsulat in Cusco, Hotel San Augustín Calle Maruri 390, Tel: 084-233023, FAX 084-221-174.

(CH) Schweizerische Botschaft, Av. Salaverry 3240, San Isidro, Lima, ☏ 01-264-0305, werktags 8:30-11:00.

Vertretungen Perus in ...

(D) Botschaft von Peru, Godesberger Allee 125, 53175 Bonn, ☏ 0228-373045, FAX 0228-379475.

(A) Botschaft von Peru, Gottfried-Keller-Gasse 2, 1030 Wien, ☏ 0222-734377.

(CH) Botschaft von Peru, Spitalackerstraße 20a, 3013 Bern, ☏ 031-420534.

Einreisebestimmungen

Deutsche, Österreicher und Schweizer benötigen einen Reisepaß, der noch mindestens sechs Monate Gültigkeit hat. Normalerweise erhält man bei der Einreise einen Stempel mit der Aufenthaltsdauer von 30 Tagen. Wer einen längeren Aufenthalt plant, sollte dies rechtzeitig mitteilen und bekommt dann meist einen Stempel über 60 oder 90 Tage. Verlängerungen sind auch in Lima oder Cusco (bei der *migración*) und in anderen Großstädten möglich, doch kosten sie unnötig Zeit und Geld (US$ 50).

Familienurlaub/Kinder

Ein Familienurlaub mit kleinen Kindern ist in Peru nicht ganz unproblematisch. Schon für viele Erwachsene ist das Reisen im Land mit langen staubigen Busfahrten, oftmals schlechtem Essen und anderen kleinen Abenteuern anstrengend genug - Kinder haben selten eine Freude daran.

Zu bedenken ist außerdem das Gesundheitsrisiko: Vor der hohen UV-Strahlung in den Anden müssen vor allem Kinder besonders geschützt werden, Durchfall und die damit verbundene Austrocknung des Körpers können für sie extrem gefährlich werden, um nur zwei Punkte zu nennen.

Allerdings möchte ich hier auch sagen, daß ich einige Eltern gesehen habe, die mit Kindern in Peru (ab ca. 10 Jahre) unterwegs waren, die sichtlich Spaß am "Abenteuer Südamerika" hatten.

Für eine Wanderung auf dem Inka Trail sind kleinere Kinder nicht unbedingt geeignet. Nur wenn sie schon Wander- und Outdoorerfahrung mitbringen, Spaß an der Sache haben und unterwegs kaum etwas tragen müssen, kann der Trail ein wundervolles Erlebnis für sie werden.

Flora und Fauna

Bei einer Wanderung auf dem Inka Trail kommt man mit sehr unterschiedlichen Vegetationszonen in Berührung. Vom Start läuft man bis in die Ortschaft Wayllabamba, 17 km hinter Chilca, durch ein zwar fruchtbares Tal (begünstigt durch den Río Urubamba), das aber, abgesehen von den Feldern, trotz allem sehr karg und rauh wirkt. Wo nicht künstlich bewässert wird, wachsen dornige Sträucher, genügsame Eukalyptusbäume, Kakteen und Agaven.

Von Wayllabamba an steigt man hinauf zum ersten Paß und durchläuft dabei eine sehr fruchtbare und grüne Zone. Bergbäche sprudeln, eng stehen die Bäume und spenden Schatten, vereinzelte Schmetterlinge flattern umher, Vögel zwitschern. Hier und da blühen Orchideen, je nachdem zu welcher Zeit man den Trail läuft. Im Mai, direkt nach Ende der Regenzeit, blüht es prächtig und wunderschön an vielen Stellen entlang des Weges.

Dann kommt der erste Paß, dicht gefolgt vom Zweiten. In diesem Gebiet wird die Landschaft wilder und lebensfeindlicher, die Höhe macht sich bemerkbar. Allein das zähe Ichugras und einige Bromelien wachsen noch an den exponierten Berghängen, wo sie schutzlos Wind und Kälte ausgesetzt sind. Zwischen dem zweiten und dritten Paß bei den Ruinen von Phuyupatamarca, wird die Vegetation wieder lebendiger.

Beim Abstieg von Phuyupatamarca in Richtung Wiñay Wayna durchläuft man eine Waldzone, die vor Energie und Leben sprüht. Regelmäßig liegen Wolken schwer an den Bergflanken und überziehen die Pflanzenwelt mit einem triefend nassen Nebelschleier. Äste sind von dickem Moos überzogen, Steine von Flechten übersät. Lianen hängen bis auf den feuchten Boden, viele Orchideen leuchten am Wegesrand. Besonders an wolkenverhangenen Tagen fühlt man sich hier fast wie auf einer Urwaldexpedition.

Auf dem letzten Stück des Inka Trails zwischen Wiñay Wayna und Machu Picchu bleibt der Wald dicht und kräftig und der Ausblick reicht hinüber zu Berghängen, die von einem grünen Blättermeer überzogen sind. So bleibt es, bis man die grandiose Ruinenstadt erreicht.

Die **Tierwelt** ist leider bei weitem nicht so vielfältig, wie die Flora. Zwar gibt es in den Bergen rund um den Trail noch vereinzelte Pumas, Kondore, Brillenbären und Gürteltiere, doch bleiben sie in den Tiefen der Bergwälder und unzugänglichen Täler für die meisten Besucher unentdeckt. Wanderer müssen ihre Wünsche herunterschrauben und sich mit den kleinen Schönheiten am Wegesrand zufriedengeben: Käfer, Kolibris, Lamas und Andenhasen (*vizcachas*) sind recht häufig, Raupen in allen nur erdenklichen Farben und Zeichnungen hängen an unsichtbaren Fäden aus den Baumkronen, bunt schillernde Schmetterlinge flattern umher. Mit Glück erspäht man einen kleinen Andenhirsch, mit Pech rücken einem Moskitos auf die Pelle.

Fotografieren

Ausrüstung

Die meisten Traveller werden eine kleine Kompaktkamera im Gepäck haben, um ihre Urlaubseindrücke ohne viel Aufwand festzuhalten. Zudem haben diese Kameras ein geringes Gewicht und sind leicht im Rucksack oder selbst in der Jackentasche zu verstauen.

Wer sich der Fotografie intensiver widmen möchte, kommt an einer Spiegelreflexkamera mit Wechselobjektiven nicht vorbei. Neben dem mühsameren Transport ist ein Verlust einer solchen Ausrüstung durch Diebstahl oder Bruch gegenüber dem einer Kompaktkamera weitaus kostspieliger. Da ich eine recht teure Ausrüstung dabei hatte, habe ich vor der Abreise eine spezielle Fotoversicherung abgeschlossen. Im Gegensatz zur normalen Reisegepäckversicherung, die im Schadenfall nur 50% des Anschaffungswertes ersetzt, deckt die Kameraversicherung 100% des Schadens.

♦ Fotoversicherung, Agrippina Versicherung, Michael Marx, Hermannstr. 10, 35576 Wetzlar, ☏ 06441-54111.

☺ Gegen das grelle Licht in den Anden ist es ratsam, einen Polfilter einzusetzen.

Filme

In Cusco findet man ein recht gutes Filmsortiment. In fast jedem Souvenirladen gibt es zumindest Filme für Papierbilder zu kaufen, in den Fotogeschäften entlang der Avenida Sol (☞ Cusco) findet man auch Dia-, Schwarz-Weiß- und Advantix-Filme. Auf den Märkten und an Straßenständen sollte man keine Filme kaufen. Zwar sind sie dort günstiger, haben aber oft auch in ihrer Qualität gelitten, da sie lange in der Sonne gelegen haben. Preisbeispiele in US$:

Kodak Elite II, Diafilm, 100 Asa, 36 Aufn.	6,50
Kodak Bilderfilm, 100 Asa, 36 Aufn.	3
Agfa CTX, Diafilm, 100 Asa, 36 Aufn.	4
Kodak Advantix, 25 Bilder	7,50

Transport

Günstig für die Wanderung sind Fototaschen, mit denen man die Kamera griffbereit, aber geschützt am Hüftgurt des Rucksacks befestigen kann. Für Spiegelreflexkameras mit einem zusätzlichen Objektiv bietet sich z.B. die wasserdichte und stoßgeschützte Tasche "Aqua Zoom", für Kompaktkameras die identisch geschützte Tasche "Protect", beide von der Firma Ortlieb an. Diese Taschen können auch mit einem Tragesystem kombiniert werden, das die Kameras vor der Brust fixiert. Zwar sieht man dann beim Laufen seine Füße nicht mehr, was manch einen stören mag, doch muß man beim Absetzen des Packs nicht jedes Mal darauf achten, daß die Kamera nicht auf den Boden schlägt.

☹ Da Langfinger es natürlich auch auf die Kameras von Touristen abgesehen haben, sollte man es vermeiden, mit einem vor dem Bauch baumelnden oder lose über der Schulter hängenden Fotoapparat durch die Straßen zu gehen. Eine unscheinbare Tasche oder das Tragen unter der Jacke minimieren das Diebstahlrisiko erheblich.

Menschenbilder

Auch wenn Menschen das Interessanteste eines Landes und einer Reise sind, darf gerade hier nicht wild drauflos fotografiert werden. Da es in der Vergangenheit immer wieder zu einem rücksichtslosen Verhalten von Touristen gekommen ist, die ohne vorher zu fragen auf den Auslöser gedrückt haben, reagieren viele Peruaner mittlerweile allergisch auf Fotoapparate. Vor allem ältere Menschen hängen noch dem Glauben an, daß es Unglück bringt, fotografiert zu werden.

Wo Menschen häufig mit Touristen konfrontiert werden, wollen sie entweder überhaupt nicht oder nur gegen Trinkgeld fotografiert werden. In Cusco und Umgebung sind viele Gruppen von Müttern und Kindern in Trachten unterwegs, meist tragen sie noch ein Lamm auf dem Arm und wollen unbedingt (natürlich gegen Bezahlung) fotografiert werden. Achtung, manchmal laufen sie mit Absicht ins Bild und verlangen hinterher ein paar Soles (☞ Geld) als Lohn.

☺ Auf jeden Fall muß man sein "Model" vor dem Abdrücken um Erlaubnis fragen. Hier helfen ein paar Brocken der Landessprache sehr und wenn man sich gut versteht, ist oft auch ein kostenloses Foto mit einem breiten Lächeln im Gesicht drin. Wer die Menschen nicht respektiert und diese Regeln, die einem schon der gesunde Menschenverstand vorgeben sollte, mißachtet, kann schon einmal mit fliegenden Steinen rechnen.

Geld

Perus Währungseinheit ist der Nuevo Sol, normalerweise einfach Sol genannt (umgangssprachlich auch Peso). Ein Nuevo Sol (S) besteht aus 100 Centavos. Im Umlauf befinden sich Münzen zu 5, 10, 20 und 50 Centavos, sowie zu 1, 2 und 5 Nuevo Soles und Scheine zu Werten von 10, 20, 50 und 100.

Im Juni '99 bekam man für DM 1 = S 1,80 und für US$ 1 = S 3,25.

✋ Ein großes Problem ist, daß es manchmal einfach kein Wechselgeld gibt. Selbst in Restaurants kann es passieren, daß man mit einem 50 Sol Schein zahlen möchte und erst einmal ein Kellner losrennen muß, um irgendwo Kleingeld aufzutreiben. Deshalb sollte man versuchen, große Scheine so schnell wie möglich loszuwerden. Sonst kann es irgendwann dazu kommen, daß man zwar Geld hat, es aber völlig wertlos ist, weil man mangels Wechselgeld nichts damit kaufen kann.

Geldwechsel

Geld kann in Banken, Wechselstuben, teilweise in Hotels oder Reisebüros getauscht werden. Da nur wenige Wechselstuben DM zu einem ungünstigen Kurs tauschen, sollte man US-Dollar in bar und in Travellerschecks mitbringen und diese dann vor Ort in Landeswährung tauschen. Achtung: Stark zerknitterte oder beschriebene Noten werden oft nicht angenommen.

Auch Travellerschecks werden in Wechselstuben und manchen Banken gewechselt, wobei meist eine Gebühr von mindestens 1% berechnet wird. Da die Schecks allerdings bei Verlust durch einen Expreßservice ersetzt werden, sollte man nicht nur Bargeld mitbringen. American-Express-Schecks sind die gängigsten, in vielen Wechselstuben werden aber auch Thomas Cook und Visa angenommen.

Kreditkarten

Mit Kreditkarten kann in vielen Reisebüros sowie in Läden und Hotels der gehobenen Klasse bezahlt werden. Für den täglichen Gebrauch eignen sie sich allerdings nicht. Da es in Cusco aber einige Bankautomaten gibt, die Visa oder Mastercard akzeptieren, kann man sich auch auf diese Weise Bargeld besorgen.

Sicherheit

Da es leider immer wieder zu Diebstählen kommt, die oft durch eigene Unachtsamkeit passieren, sollte man sein Geld niemals an einem einzigen Ort aufbewahren! Einige Scheine als Notreserve im Schuh versteckt, den größten Teil im Geldgürtel und das Geld für die nächsten Tage im Portemonnaie, ist eine Aufteilung, die ich mir angewöhnt habe. Eine andere Variante, die ich bei vielen gesehen habe, sind Geldkatzen, die eng um die Hüfte geschnallt werden, und in die auch Reisepaß und Flugticket passen.

Gesundheit

Höhenkrankheit (Soroche)

Wer direkt nach Cusco fliegt, dem wird die Höhe der Stadt (3.400 m) in den ersten Tagen höchstwahrscheinlich Probleme bereiten. Zwar reagiert jeder Körper anders auf die dünne Luft mit ihrem viel geringeren Sauerstoffgehalt, doch leichte Kopfschmerzen dürften das mindeste sein, was durchzustehen ist. Andere auftretende Symptome sind Müdigkeit, Schlappheit, Appetitlosigkeit, bei einigen Menschen auch Übelkeit und Erbrechen.

Zu Beginn ist man schon bei leichten Anstrengungen kurzatmig, weshalb man es in den ersten drei, vier Tagen ruhig angehen lassen und Alkohol, Zigaretten und deftiges Essen vermeiden sollte. Statt dessen hilft es, dem Körper viel Flüssigkeit, z.B. Wasser oder Kokatee (als Teebeutel zu kaufen oder frisch aufgebrüht an Straßenständen zu genießen) zuzuführen, um die Auswirkungen der Soroche zu verringern.

Bevor man sich auf den Inka Trail begibt, sollte man auf jeden Fall akklimatisiert sein und sich wieder vollends wohl fühlen.

Nicht zu unterschätzen ist das Risiko, das von einer schweren Form der Höhenkrankheit ausgehen kann, die aber normalerweise erst in Höhen ab 4.000 m eintritt. Wird nicht sofort mit einem Abtransport des Betroffenen in geringere Höhen reagiert, kann es zu einem Gehirn- oder Lungenödem kommen und schlimmstenfalls zum Tode führen. Die

Anzeichen für eine akute Höhenkrankheit sind starke Kopfschmerzen, Schwindelgefühl bis zur Bewußtlosigkeit, Erbrechen, starker Husten und Auswurf von rötlichem Schaum. Wieder äußern sich die Symptome bei jedem Menschen anders, doch wenn ein Verdacht auf akute Höhenkrankheit besteht, muß sofort gehandelt werden.

Durchfall

Die häufigsten Erkrankungen von Reisenden in Südamerika sind Magen- und Darmstörungen und kaum jemand wird daran vorbeikommen. Die Auslöser sind vielfältig und nicht immer wird man den Ausbruch von Durchfall auf eine bestimmte Begebenheit zurückführen können. Normalerweise sind das anfangs noch ungewohnte Essen, verschmutztes Wasser und die schlechten Hygienezustände für die Probleme verantwortlich, die jeder gern vermeiden möchte. Es gibt zwar viele gute Ratschläge, wie man sich schützen kann, doch die meisten davon sind in der Praxis nicht durchzuführen.

Wenn möglich, sollte man auf dem Speiseplan vermeiden:

- Salate und ungekochtes Gemüse,
- bereits geschälte Früchte,
- Eiswürfel und Eiscreme,
- Speisen, die nicht mehr gut aussehen - hier muß jeder selbst entscheiden.

Wer dennoch an einer Darminfektion mit Durchfall erkrankt, sollte sich einige Tage Ruhe gönnen und folgendes beachten:

- Viel trinken, vor allem mit Elektrolytmischungen versetztes Wasser, das die Dehydration verhindert. Mittel gibt es in Apotheken.
- Auch Tee und klare Brühen sind hilfreich. Man kann sich auch selbst einen Drink mischen, um die Mineralienverluste auszugleichen: ½ Teelöffel Kochsalz, 10 Teelöffel Zucker, 1 Tasse Fruchtsaft auf einen Liter Wasser.
- Nach erstem Auftreten von Durchfall möglichst eine Nahrungspause von mehreren Stunden einlegen, danach langsam wieder anfangen und Sachen wie Zwieback, Kekse und Speisen ohne Fett, wie z.B. Reis (pur) essen.
- Symptome und den Verlauf der Erkrankung beobachten. Hat man Blut im Stuhl oder kommt zu dem Durchfall Erbrechen und Fieber, muß ein Arzt aufgesucht werden.
- Hält starker Durchfall länger als drei Tage an, sollte ein Arzt aufgesucht werden oder eine Behandlung mit Antibiotika (z.B. Ciprofloxacin, 2mal 1 Tablette für 3 Tage, nach Durchfallende die Einnahme stoppen) eingeleitet werden, das man vor Ort ohne Rezept in Apotheken erhält.

* Wer trotz seiner Erkrankung reisen muß, kann die Darmaktivitäten vorübergehend mit Mitteln wie Immodium lähmen. Das Problem hierbei ist, daß auch die Krankheitserreger im Körper bleiben, weshalb die Mittel nicht unnötig lange eingenommen werden sollten.

Gesund unterwegs - *Basiswissen für Draußen, OutdoorHandbuch* Bd 36, Dr. Karl Lang, 61 S., Conrad Stein Verlag, ISBN 3-89392-136-2, DM 12,80.

Aids

Die tödliche Krankheit (in Südamerika SIDA genannt) kann durch sexuelle Kontakte, Behandlungen beim Arzt mit nicht sterilisierten Instrumenten und durch Bluttransfusionen und Medikamente, die aus Blut gewonnen werden, übertragen werden. Deshalb sollte man sexuelle Kontakte mit Fremden meiden, ansonsten immer Kondome verwenden. Beim Arzt auf jeden Fall davon überzeugen, ob die Instrumente sterilisiert worden sind, am besten auch seine eigenen Spritzen und Kanülen (zu Hause günstig in Apotheken zu bekommen) mitbringen. Einer Bluttransfusion nur bei Lebensgefahr zustimmen.

Krankenversicherung

Eine Auslandsreise-Krankenversicherung deckt die Kosten für Arzt- und Krankenhaushonorare, Operationen und Arzneimittel, Bergungen und Krankentransporte und oft Überführungen ins Heimatland. Jede Versicherung hat ihre Vor- und Nachteile und vor dem Abschluß sollte genau verglichen werden.

Sehr gut finde ich die sogenannte TravelMed-Card, die neben den Leistungen einer üblichen Krankenversicherung telefonische Beratung unter einer Notfallnummer in Deutschland bietet. Dort sind rund um die Uhr Ärzte zu erreichen, die auch Spanisch sprechen und so mit Kollegen in Peru absprechen könnten, welche Maßnahmen (evtl. Rückführung nach Hause) erforderlich sind.

Für ein Jahr mit beliebig vielen Reisen bis 42 Tage, kostet die Versicherung ca. DM 90. Verlängerungen des Schutzes über 42 Tage hinaus sind möglich, kosten allerdings extra.

♦ Centrum für Reisemedizin, TravelMed-Card Service, Oberrather Str. 10, 40472 Düsseldorf, ☏ 0211-9042911, FAX 0211-9042999.

Erste-Hilfe-Set

- ☐ Kopfschmerztabletten
- ☐ stärkere Schmerztabletten
- ☐ Halsschmerztabletten
- ☐ 1x Breitband-Antibiotikum für Erkältungen, usw.
- ☐ 1x Antibiotikum für Magen-Darminfektionen
- ☐ Elektrolytmischung (z.B. Oralpädon)

- ☐ Durchfallstopper (z.B. Immodium)
- ☐ Sportsalbe (z.B. Voltaren Emulgel)
- ☐ Salbe gegen Insektenstiche und Sonnenbrand
- ☐ Desinfektionsmittel
- ☐ Rettungsdecke
- ☐ Pflaster und Dreiecktuch
- ☐ elastische Bandage und Verbandpäckchen
- ☐ Wundauflagen
- ☐ Einmalspritzen/-kanülen
- ☐ Schere
- ☐ Sicherheitsnadel
- ☐ Fieberthermometer

📖 **Erste Hilfe** - *Basiswissen für Draußen, OutdoorHandbuch* Bd. 39, Martin Schepers, 116 S., 50 Illus., Conrad Stein Verlag, ISBN 3-89392-139-7, DM 14,80.

Empfohlene Ärzte in Cusco

- José Luis Espejo Hermoza, Calle San Andrés 240, Oficina 102, ☏ 228394, Zahnarzt.
- Virginia Valcarcel Velarde, Portal de Panes, Plaza de Armas, ☏ 231558, Zahnarzt.
- Darcy Aguirre Villacorta, Calle Almagro 139, ☏ 22404, Gynäkologe.
- Clinica Pardo (Centro Médico Pardo), Av. Cultura 710, Dr. Alcides Vargas, ☏ 240387.
- Clinica Paredes, Calle Leghugal 401, ☏ 225265/240787.

Impfungen

Zwar sind keine Impfungen für die Einreise nach Peru vorgeschrieben, doch sollte man sich trotzdem gegen die Erreger einiger Krankheiten impfen lassen. Am besten läßt man sich vom Gesundheitsamt oder einem Tropeninstitut, vom Hausarzt oder notfalls auch seiner Apotheke beraten und einen Impfplan aufstellen. Impfungen sind sinnvoll gegen:

Hepatitis A

Die sogenannte infektiöse Gelbsucht wird durch Bakterien in der Nahrung und im Wasser übertragen und ist in Peru verbreitet. Die ersten zwei Impfungen erhält man vor Reiseantritt, womit man für ein Jahr geschützt ist. Nach der dritten Impfung (ca. ¾ Jahr nach der ersten) ist man für ca. 10 Jahre geschützt.

Hepatitis B

Noch vor nicht allzu langer Zeit war man der Meinung, daß sich diese Art der Hepatitis nur durch Transfusionen, Spritzen und sexuellen

Kontakt überträgt. Nach neuesten Erkenntnissen kann Hepatitis B aber auch durch Tröpfchenflug, u.ä. übertragen werden.

☺ Für Hepatitis A und B gibt es einen Kombinationsimpfstoff, der eine Spritze erspart und außerdem etwas günstiger ist, als zwei einzelne Impfungen. Kosten pro Injektion ca. DM 125.

Cholera

Immer wieder hört man von Cholerafällen in Peru, was insbesondere durch die meist schlechten Hygienezustände im Land kommt. Die Darminfektion führt zu starken Durchfällen. Seit einiger Zeit ist eine recht wirksame Schluckimpfung erhältlich, die sechs Monate Schutz gewährt (ca. DM 50). Die Vorsichtsmaßnahmen auf der Reise sollte man deshalb trotzdem nicht vernachlässigen.

Gelbfieber

Gelbfieber wird von Stechmücken übertragen und tritt im Land immer wieder auf. Da man auf dem Trail auch von Mücken gepeinigt wird, ist eine Impfung, die 10 Jahre Schutz bietet sinnvoll (ca. DM 50).

Thyphus

Typhus ist eine bakterielle Darminfektion, die durch eine Salmonellenart hervorgerufen wird. Eine Immunisierung wird vor allem Reisenden empfohlen, die längere Zeit schlechten Hygienebedingungen ausgesetzt sind. Mit einer Schluckimpfung (ca. DM 40), die drei Mal im Abstand von je zwei Tagen zu Hause eingenommen werden kann, ist man für ca. ein Jahr geschützt.

Tollwut

Tollwutviren werden durch Bisse oder Kratzwunden von Tieren wie Hunde oder Katzen übertragen. Ist man infiziert, gibt es außer einer sofortigen Impfung - die sich auf einer mehrtägigen Wanderung schlecht organisieren läßt - keine Behandlung. Lähmungen, die auch die Atemmuskulatur befallen, führen normalerweise zum Tod. Die Chance, von einem mit Tollwut befallenen Tier (aggressiv, keine Scheu vor Menschen) gebissen zu werden, ist verhältnismäßig gering, doch bei den vielen herumstreunenden Hunden (☞ Sicherheit/Gefahren, Hunde) durchaus möglich. Da die dreimalige Impfung über DM 200 kostet, muß jeder für sich entscheiden, ob sie wirklich notwendig ist.

Malaria

Da es im Gebiet des Inka Trails keine Malaria gibt (Übertragung durch den Stich der weiblichen Anophelesmücke), ist eine Prophylaxe nicht notwendig.

Tetanus, Diphtherie, Polio

Diese Impfungen sollte man auch ohne Fernreise zu Hause regelmäßig, d.h. alle 10 Jahre auffrischen.

Information

Es gibt in Europa derzeit kein Fremdenverkehrsamt für Peru. Die peruanische Botschaft hat allerdings diesen Service übernommen.

Botschaft von Peru, Godesberger Allee 125, 53175 Bonn, ☎ 0228-373045, FAX 0228-379475.

Eine wahre Fundgrube an Informationen bietet der **South American Explorers Club**. Mit der Zentrale in den USA und Büros in Lima und Quito will der Verein allen Südamerika-Reisenden helfen und kann meist selbst die kniffligsten Fragen beantworten. Viele Traveller haben Berichte über ihre Reisen verfaßt, die thematisch vorliegen. Wer auf seiner Tour über Lima kommt, sollte dort auf jeden Fall das Büro in der Avenida Portugal 146 (Stadtteil Breña) besuchen. Es ist ein Ruhepol in der lauten, chaotischen Stadt. Der komplette Service, der auch einen Mail-order-service von Büchern und Landkarten einschließt und bald einen Zugang übers Internet zu allen *Trip Reports* bietet, ist allerdings Mitgliedern vorbehalten. Die Preise für eine Jahresmitgliedschaft liegen z.Z. bei US$ 40 für Einzelpersonen und US$ 70 für Ehepaare.

South American Explorers Club, 126 Indian Creek Rd., Ithaca NY 14850, USA, ☎ 001-607-277-0488, <explorer@samexpl.org>, <http://www.samexplo.org>

♦ In Lima: South American Explorers Club, Casilla 3714, Lima 100, Peru, ☎ + FAX 511-425-0142, <montague@amauta.rcp.net.pe>

Wer sich bereits in Cusco befindet, bekommt die Infos im Touristenbüro gegenüber der Kirche La Merced.

Información Turistica de la Dirección Regional de Industria y Turismo, Portal de Mantas, Calle Mantas 188, ☎ 263176, Mo-Fr 8:00-19:00, Sa 8:00-14:00). Auch in den Reisebüros und bei Touranbietern bekommt man normalerweise gute Auskünfte.

Internet

Das Internet wird ein immer wichtigerer Faktor zur Informationsbeschaffung und Kommunikation, auch in und für Peru. Zum einen können Reisende sich schon vor dem Abflug aktuell informieren, zum anderen über e-mails und Chaträume mit den Lieben daheim in Verbindung bleiben - was gerade beim langen Postweg und hohen Telefonkosten an Bedeutung gewinnt.

Hier einige Internet-Adressen, unter denen man Informationen zu Peru findet. Weitere Adressen habe ich im Text angegeben.

- <www.lonelyplanet.com.au/dest/sam/peru.htm>
- <www.xs4all.nl/govertme/visitperu>
- <www.peru-explorer.co>

Über das inzwischen weitverbreitete System kostenloser "Briefkästen" im Internet durch Anbieter wie z.B. *Hotmail*, haben immer mehr Menschen einen Internet-Briefkasten, können e-mails schreiben und empfangen.

Ich habe mir erst kurz vor Abreise eine Adresse eingerichtet und war davon später total begeistert. Da es in Cusco inzwischen mehr Internet-Cafés gibt, als in einigen deutschen Großstädten, hat man dort keine Probleme, ins Netz zu kommen (☞ Cusco).

Da das Telefonieren nach Europa sehr teuer ist, habe ich mich öfters mit einem Freund in Deutschland in einem sogenannten Chat Room getroffen. Dort konnten wir uns dann schriftlich "unterhalten", was sehr spaßig war. Noch dazu zu einem Preis, der für eine Stunde gleich dem einer Minute am Telefon lag (☞ Post und Telekommunikation).

Es gibt unzählige Chat Rooms, von denen allerdings einige durch ihre Langsamkeit völlig unbrauchbar sind. Wir haben gute Erfahrungen mit dem Chat der deutschen Zeitschrift Prinz gemacht.

<http://www.prinz.de/chat>

Karten

Der South American Explorers Club (☞ Informationen) hat vor einigen Jahren eine Karte im Maßstab 1:25.000 für US$ 5 herausgegeben, die aber nicht besonders gut ist. Sie ist nur einfarbig gezeichnet und nicht leicht zu lesen. Allerdings wird an einer 2. Auflage gearbeitet, die mit Erscheinen dieses OutdoorHandbuchs eventuell schon fertiggestellt sein könnte. Man bekommt sie über den Mail-Order-Service des Klubs (☞ Information), vielleicht auch über gute Karten- und Outdoorläden zu Hause.

Eine Karte ist für den Trail allerdings nicht ganz so wichtig, weil man sich eigentlich nicht verlaufen kann. Zur Not reichen auch die Kartenskizzen in diesem OutdoorHandbuch aus.

Klima

Im peruanischen Hochland gibt es keine wirklichen vier Jahreszeiten. Es gilt zu unterscheiden zwischen der Trockenzeit (dort Herbst/Winter) und der Regenzeit (dort Frühling/Sommer). Da Peru auf der südlichen Erdhalbkugel liegt, sind die Jahreszeiten genau entgegengesetzt zu Europa.

Von Mai bis Oktober ist es im allgemeinen trocken und kühl und eine Wanderung ist dann am angenehmsten. Zwar kann das Thermometer nachts bis auf 0° fallen, doch ist es tagsüber sonnig und warm. Von November bis April ist es dagegen feucht und zwischen Dezember und März regnet es so gut wie jeden Tag, meist nachmittags. Dann hat man den Trail zwar allein für sich, doch bleibt der Spaß auch ein wenig auf der Strecke (☞ Reisezeit).

Literatur

Bücher

- Tod in den Anden, Mario Vargas Llosa, Suhrkamp.
- Peru - Beck'sche Reihe, Beck, Eleonore von Oertzen.
- Peru und Bolivien, RKH-Verlag, Kai Ferreira Schmidt.
- Peru, Mai's Weltführer, Dieter Uhlig / Ute Boewen.
- Machu Picchu, Bastei Lübbe, Simone Waisbard.
- Peru, a travel survival kit, Lonely Planet, Rob Rachowiecki.
- Die offenen Adern Lateinamerikas, Eduardo Galeano.
- Bolivien: Choro Trail, Lars Schneider, Conrad Stein Verlag.

Zeitschriftenartikel

- Geo-Special, Anden und die Welt der Inka, 10/97.
- Berge, Die Anden in Peru und Ecuador, 1/98.

Post und Telekommunikation

Post schicken

Luftpostbriefe nach Europa benötigen etwa eine Woche, Postkarten etwas länger. Die Post ist zwar ziemlich zuverlässig und alle meine Sendungen sind auch an ihrem Zielort angekommen, trotzdem sollte man Wichtiges, wie z.B. Filme, lieber mit einem Kurierservice versenden (z.B. mit DHL, ☞ Cusco).

Für mehr Schnelligkeit bietet die peruanische Post (*Serpost*) einen Expreßservice an. Zwar kostet der etwas mehr, doch konnte ich keinerlei Vorteile entdecken. Teilweise haben Expreßbriefe länger gebraucht, als normal verschickte.

Auf den Straßen gibt es keine Postkästen, weshalb man zum Verschicken immer ein Postamt aufsuchen muß. Ein Luftpostbrief bis zu 20 g Gewicht kostet US$ 1 Porto, bis 25 g US$ 2. Es gibt auch einen Kurier-Service der Post, der etwas günstiger ist als DHL, auf den man sich allerdings auch nicht in solchem Maß verlassen kann.

♦ EMS Courier Internacional del Peru: 25 g Brief US$ 2,20; Pakete: 500 g US$ 29; 1 kg US$ 35; 1,5 kg US$ 43.

Post empfangen

Wer für längere Zeit von zu Hause weg ist, freut sich bestimmt über Post. Entweder man läßt sich Postkarten und Briefe (keine Einschreiben, Päckchen, Pakete) an seine zuständige Botschaft oder das Konsulat schicken (☞ Diplomatische Vertretungen), wobei es hilft, eine kurze Nachricht vorauszuschicken oder man adressiert Postsendungen an das Hauptpostamt der Stadt. Dort werden die Sachen meist für drei Monate aufbewahrt (☞ Cusco). Adresse für postlagernde Sendungen auf dem Hauptpostamt in Cusco:

Name, Vorname (ohne Anrede oder Titel, Nachname unterstrichen)
Poste Restante
Correos Central
Cusco
Peru

Telefonieren

Die Vorwahl für Anrufe aus Europa nach Peru ist 0051, die anschließende "0" der Ortsvorwahl entfällt. Von Peru nach Europa wählt man 0049 (Deutschland), 0043 (Österreich) und 0041 (Schweiz).

Nach der Privatisierung und Modernisierung der staatlichen Telefongesellschaft im Jahre 1994 ist die Gesprächsqualität nach Europa nun sehr gut. Man kann aus vielen Telefonzellen direkt wählen oder ungestört aus einer Kabine in einer der Filialen von *Telefónica del Peru* seinen Anruf machen. In einem solchen Fall wird erst nach dem Gespräch bezahlt.

♦ Eine Minute nach Europa am Wochenende und abends US$ 2, ansonsten US$ 2,30. Faxempfang kostet US$ 0,80/Seite, das Senden US$ 4,50/Seite.

Radfahren

Der Inka Trail läßt sich zwar nicht mit dem Rad befahren, doch gibt es in der Umgebung von Cusco einige nette Ziele, die man auf Ein- oder

Mehrtagestouren erreichen kann. Fahrräder vermieten mehrere Tourbüros in der Stadt, auch geführte Touren werden angeboten. Die Drahtesel sind oftmals in miserablem Zustand und vor dem Start sollte man alles genau checken sowie auf Ersatzteile und Werkzeug für unterwegs bestehen. Wenn man trotzdem einmal liegenbleibt, ist es allerdings meist auch kein Problem, die Räder auf den nächsten Bus zu werfen und so nach Cusco zurückzukommen. (Verleihadressen, ☞ Cusco).

Reisezeit

Perus bevorzugte Reisemonate sind Mitte Juni bis Mitte September. Das liegt nicht nur daran, daß in diesen Monaten die europäischen und nordamerikanischen Ferien liegen, sondern auch am besseren Wetter, das in dieser Jahreszeit vorherrscht (☞ Klima).

Allerdings trifft man dann auch die meisten Touristen an, die Preise für Übernachtungen, Busfahrten und organisierte Touren liegen höher als sonst und auch auf dem Inka Trail ist teilweise die Hölle los. Besonders schlimm ist es in der Zeit um das Fest der Wintersonnenwende, dem Inti Raymi, am 24. Juni. Dann kann es passieren, daß man an Treppen und anderen engen Passagen tatsächlich warten muß, bis man an die Reihe kommt.

Wer kurze Regenschauer und ein paar Wolken am Himmel aushält, kann in den Monaten Mai und Oktober etwas ruhiger reisen und muß den Inka Trail nur mit wenigen Wanderern teilen.

Sicherheit/Gefahren

Überfälle, Diebstahl

Auch wenn aus Südamerika vorwiegend negative Nachrichten nach Europa dringen, die sich vor allem über die hohen Kriminalitätsraten auslassen, reist man in Peru relativ sicher.

Wer seinen natürlichen Menschenverstand benutzt, seine Umgebung beobachtet und kleine Vorsichtsmaßnahmen trifft - ohne aber paranoid zu werden und sich dabei den Urlaub zu vermiesen - wird keine Schwierigkeiten haben.

Es gibt unzählige Tricks, die sich Gauner erdacht haben, um an ihre Beute zu kommen. Beliebt sind Rempeleien und Ablenkungsmanöver, an denen mehrere Personen beteiligt sind. Während man mit dem einen Schurken beschäftigt ist, wird man vom anderen bestohlen. Auch werden mit Rasiermessern Taschen und Rucksäcke aufgeschlitzt, ohne daß der Eigentümer es bemerkt.

Cusco

Besonders Cusco hat den (leider wahrheitsgetreuen) Ruf, voll von Gaunern und Langfingern zu sein. Wer umsichtig handelt, wird keinen Kontakt zu solchen Typen haben, denn passiert wirklich einmal etwas, liegt es meist an den Opfern selbst.

So erging es z.B. einer jungen Finnin, die ich auf einer Tour in Bolivien kennenlernte. Als wir auf die Sicherheit in Peru zu sprechen kamen, erzählte sie mir, wie gefährlich doch das Reisen dort sei. Ich bestritt das, woraufhin sie mir erklärte, daß sie in Cusco überfallen, gewürgt und ausgeraubt worden war. Passiert war das ganze, als sie spät am Abend mutterseelenallein durch eine dunkle Gasse zu ihrem Hotel ging.

Wer so handelt, der schreit förmlich nach Problemen. Um solche schlimmen Vorfälle zu vermeiden, sollte man deshalb nach Einbruch der Dunkelheit immer ein Taxi (im Stadtbereich kostet das nur etwa US$ 1) nehmen und weder allein noch zu zweit durch die Straßen laufen!

Inka Trail

Traurige Schlagzeilen machte der Inka Trail im Januar 1997 durch den Mord an einer Deutschen bei km 88. Der Vorfall warf viele Rätsel auf und ist bis heute nicht aufgeklärt. Generell ist die Begehung des Trails aber sicher, vor allem durch die hohe Anzahl von Wanderern.

Auch Einzelwanderer können heute sicher nach Machu Picchu kommen, schon lange gab es keine Überfälle mehr. Zu Diebstählen kommt es nur noch aus Unachtsamkeit von Trekkern, die ihre Ausrüstung nachts vor dem Zelt lassen. Deshalb gilt: immer alles mit hinein nehmen, selbst die Schuhe!

Ein paar Extratips

- Entdeckt man suspekte Gestalten, hilft es oft, ihnen direkt in die Augen zu schauen, um sie loszuwerden.
- Besonders in großen Menschenansammlungen, z.B. auf Märkten oder Busbahnhöfen darf man sein Gepäck nie aus den Augen und erst recht nicht aus den Händen lassen.
- Wer mit dem Bus reist, tut gut daran, seine Fahrkarte schon am Tag vorher und ganz ohne Gepäck im Busbahnhof zu besorgen.
- Für den Fall, daß die Kreditkarte gestohlen wird, muß man die Telefonnummern der Gesellschaften sowie seine Kartennummer an einem getrennten Ort aufbewahren, um sofort anzurufen und sie sperren zu lassen. Auch die Kaufbelege von Reiseschecks sollten getrennt von den Schecks aufbewahrt werden. Nach einem Diebstahl bekommt man dann nach Vorlage eines Polizeireports und der Belege meist schnell Ersatz.

Terrorismus

Peru ist für den Terror und Schrecken, mit denen die Untergrundkämpfer des *Leuchtenden Pfads* und anderer Guerillatruppen, wie z.B. *Túpac Amaru*, in den achtziger Jahren das Land überzogen haben, bekannt. Nachdem die Führer Anfang der neunziger Jahre festgenommen werden konnten und nun lebenslange Haftstrafen in Sicherheitsgefängnissen verbüßen, hat sich die Lage beruhigt und es kommt nur noch sehr selten zu Anschlägen und Attentaten. Waren solche Aktivitäten früher oft gezielt auf Touristen oder ausländische Geschäftsleute gerichtet, ist dies heute glücklicherweise nicht mehr der Fall.

Drogen

Wahrscheinlich wird es nicht nur einmal passieren, daß Ihnen in Hotels oder auf offener Straße Haschisch und andere Drogen angeboten werden. Auf jeden Fall sollten Sie die Finger davon lassen, da nicht selten Undercover-Agenten der Polizei als Dealer arbeiten und Sie in erhebliche Schwierigkeiten kommen können.

Auch wer mit Drogen im Gepäck erwischt wird, ist dran - deshalb nie Gepäck von Unbekannten mitnehmen und aufpassen, daß einem nichts untergeschoben wird.

Hunde

Ein nicht zu unterschätzender Sicherheitsfaktor sind Hunde, die vor allem in den Städten herumstreunen und vom Abfall leben. Oft werden sie urplötzlich aggressiv und kommen zähnefletschend bedrohlich nah. Da man sich nie sicher sein kann, ob sie nicht vielleicht von Tollwut befallen sind, ist ein Biß gefährlich. Doch es gibt einen guten Trick, die Köter loszuwerden. Fast alle südamerikanischen Hunde scheinen schon einmal von fliegenden Steinen getroffen worden zu sein, und so genügt es meist, sich zu bücken und so zu tun, als hebe man einen Brocken auf. Die meisten Vierbeiner suchen dann schon das Weite. Hilft es nichts, kann man im Notfall immer noch tatsächlich einen Stein werfen.

Naturgefahren

Aufpassen muß man auf dem Trail nur bei Regen, wenn die Wege und Stufen glatt wie Schmierseife werden. Schnell rutscht man aus und kann sich so Verletzungen wie Verstauchungen und Prellungen zufügen. Passiert dies in der Saison, kann man relativ schnell Hilfe organisieren.

Hat man jedoch auf einer Wanderung in der Regenzeit, wo kaum jemand unterwegs ist, Pech, sieht es schlechter aus. Außerhalb der Saison sollte man daher nie allein gehen, die Gruppen mindestens aus zwei, besser drei Personen bestehen.

Solo- und Gruppentouren

Man kann den Trail entweder allein oder in einer kleinen, selbst organisierten Gruppe laufen oder an einer von einem Touranbieter geführten Tour teilnehmen. Letzteres ist sicher die komfortabelste und sicherste Variante und noch nicht einmal sehr teuer, doch haben Einzelwanderer den Vorteil, eigene Entscheidungen treffen zu können und ungebunden von einer Gruppe zu sein. Zu den Gruppentouren gehören immer auch Träger, die die schweren Gegenstände der Teilnehmer übernehmen, wodurch ein etwas entspannteres Wandern, vor allem bei Anstiegen zu den Pässen, gewährleistet ist.

Allein unterwegs

Da viele Leute zwar allein in Südamerika reisen, aber nicht allein wandern möchten, muß zunächst die Schwierigkeit überwunden werden, einen oder mehrere Partner zu finden. Am besten geht das, indem man bei Touranbietern oder in Ausrüstungsläden nach Leuten fragt, die allein wandern möchten. Gut funktionieren auch Anschläge an den Schwarzen Brettern der Hotels. Da Cusco so groß und voll von Touristen ist, ist es manchmal zwar nicht ganz leicht, passende Wanderpartner aufzuspüren, doch wer für die Suche genug Zeit und Ausdauer aufbringt, wird bestimmt jemanden finden.

Gruppentour

Organisierte Touren werden von unzähligen Veranstaltern angeboten. Vor dem Buchen sollte man sich genau über die Leistungen, die im Preis inbegriffen sind, informieren, da zum Teil erhebliche Unterschiede bestehen, was z.B. den Startpunkt, die Ausrüstung, Verpflegung (vegetarisches Essen ist oft möglich), Trinkwasser, Träger und den Transportservice betrifft. Von vielen Veranstaltern werden Dumpingpreise angeboten, die teilweise bis auf US$ 50 runtergehen, hochqualitative Touren kosten bis zu US$ 400. Bei letzteren gehen die Teilnehmer nur mit einem Tagesrucksack, es gibt hochwertiges Essen, Koch-, Speise- und Toilettenzelte und qualitativ gute Zelte und Schlafsäcke.

Jedes Jahr öffnen neue Tourbüros (während andere schließen), die eine schnelle Mark mit den Wanderwilligen verdienen wollen. Durch die starke Konkurrenz werden die Preise gedrückt, wobei zwangsläufig auch die Qualität auf der Strecke bleibt. Ich habe eine Liste von etablierten Veranstaltern aufgeführt, die für ihre Qualität bekannt sind. Doch Vorsicht: Schnell ändern sich die Dinge und es ist sinnvoll, sich bei anderen Reisenden umzuhören.

Wie gut eine Tour ist, hängt nicht nur vom Wetter, den Wanderstiefeln und dem Preis ab, sondern oftmals auch von dem Führer der

Gruppe. Immer sollte man sich vergewissern, ob die Guides Englisch sprechen und eventuell auch eine Führung in Machu Picchu anbieten.

Träger

Leute, die zwar ohne eine organisierte Gruppe laufen möchten, aber trotzdem nicht auf einen persönlichen Träger verzichten wollen, können sich an einen der unten genannten Veranstalter wenden. Dort sind Träger bekannt, und man hilft gern bei der Vermittlung, auch wenn keine Tour gebucht wird.

Die festgelegten Löhne für Träger sind folgendermaßen gegliedert: für einen Rucksack bis 10 kg Gewicht zahlt man US$ 20 am Tag, bis 20 kg US$ 40. Dabei sollte man nicht versuchen zu handeln, da die Männer für die Knochenarbeit ohnehin sehr wenig verdienen. Außerdem ist es gut, wenn man ein Zelt und Verpflegung für die Träger bereitstellen kann. Sie haben normalerweise kein eigenes Zelt, denn bei Gruppentouren übernachten sie in der ersten Nacht im Dorf Wayllabamba, in der zweiten in einem Koch- oder Verpflegungszelt und in der dritten im Hotel in Wiñay Wayna.

Besonders bei organisierten Trips mit Trägern und Köchen ist es angebracht, ihnen in Machu Picchu ein Trinkgeld zu geben, da sie von ihren Arbeitgebern oft schamlos ausgebeutet werden.

Auswahl von Anbietern in Cusco

- **Inca Explorer**, Calle Suecia 339, ☏ + FAX 0051-84-243736, ✉ <inqusa@ qenqo.rcp.net.pe> Ein Veranstalter, für Leute, die Qualität wünschen und dafür bei einer Gruppe von weniger als 10 Wanderern einen angemessenen Preis zahlen (ca. US$ 200, ab 1 Person: US$ 350, max. 12 Pers. US$ 140). Es wird sehr auf Hygiene geachtet, das Obst beispielsweise mit desinfiziertem Wasser gewaschen. Bis auf die persönlichen Gegenstände, die man in einem Day-Pack unterbringt, wird das Gepäck von Trägern übernommen. Inca Explorer hat sehr gute Guides, z.B. Jaime I. Vasques Q.

- **SAS Travel**, Portal de Panes 143, Plaza de Armas, ☏ + FAX 0051-84-237292/225757. Durchschnittliche, gute Qualität für US$ 70 (min. 8 Pers., max. 18 Pers.). Gestartet wird bei km 82, das Rückfahrtticket mit der Bahn ist nicht im Preis inbegriffen. SAS Travel bietet für Einzelwanderer den Transport bis Chilca (km 77) oder zum km 82 an (US$ 7).

- **United Mice**, Calle Plateros 351, ☏ 0051-84-221139, bietet zwei Touren zu unterschiedlichen Preisen an. Studenten und Mitglieder des South American Explorers Club zahlen US$ 5 weniger. Start am km 82. Qualität B: US$ 82, normaler Standard, vergleichbar mit SAS Travel, ohne Rückfahrt. Qualität A: US$ 140-200 (abhängig von der Teilnehmerzahl), inklusive Rückfahrticket. Auf dieser Tour gibt es etwas besseres Essen, ein Speise- und Toilettenzelt, zur Sicherheit werden ein Walkie Talkie und eine Sauerstoffflasche mitgenommen.

- **Mayuc**, Portal Confituras 211, Plaza de Armas, ☎ + FAX 232666, ✉ <chando@mayuc.com> <http://www.ascinsa.com.pe/mayuc> Dieser Anbieter ist schon sehr lange im Geschäft und u.a. erster Raftingunternehmer Perus gewesen) und bietet qualitativ gute Touren an. Verschiedene Etappenlängen sind möglich, entweder man läuft vier oder fünf Tage. Der Start ist in Chilca. Ab US$ 300.
- **Pan-Andean Tours**, Av. Pardo 705, ☎ 0051-84-225-701, FAX 0051-84-238-911, ✉ <postmast@patcusco.com.pe> Tour für Wanderer mit hohen Ansprüchen. Die maximale Gruppengröße beträgt 16 Personen, Minimum 5 Personen. Man trägt nur einen Tagesrucksack, Träger nehmen den Rest. Zelte und Schlafsäcke sind von sehr guter Qualität, es gibt gutes Essen. Der Start ist in Chilca, (ca. US$ 405).

Trinkwasser

Entlang des Trails gibt es Bäche, aus denen man sich mit Trinkwasser versorgen kann. Allerdings darf das Wasser nicht unbehandelt getrunken werden. Entweder man kocht es ab (etwas länger kochen lassen, da der Siedepunkt in der Höhe unter 100° liegt), filtert es mit einem kleinen Wasserfilter oder man behandelt es mit Wasserentkeimern wie *Certisil* oder *Micropur*. Da dabei die Mittel zunächst längere Zeit wirken müssen, ist es gut, zwei Flaschen mitzunehmen, um immer in einer genießbares Wasser zu haben, während in der anderen die Tropfen oder Tabletten "arbeiten".

✋ Es ist sehr wichtig, daß unterwegs immer genügend getrunken wird, da man durch die Höhe und die Anstrengung viel Flüssigkeit verliert. Zwei bis drei Liter am Tag sollte man mindestens trinken.

Übernachten

Für den Inka Trail benötigt man ein Zelt. Wer kein eigenes mitbringt, kann in vielen Campingshops in Cusco eines mieten, sollte aber darauf bestehen, es vorher aufbauen und anschauen zu können, da viele der Mietzelte Regen durchlassen. In Cusco und Umgebung gibt es unzählige Unterkünfte verschiedener Preisklassen, die ich unter den Ortsbeschreibungen aufgeführt habe (☞ Cusco und Umgebung).

Umweltschutz

Die verletzliche Natur entlang des Inka Trails hat jedes Jahr einem Ansturm von vielen Tausend Menschen standzuhalten. Leider geschieht es immer wieder, daß achtlos Müll zurückgelassen wird und Pflanzen oder Ruinen beschädigt werden. Dies geschieht nicht nur von Touristen, sondern auch von Trägern und anderen Einheimischen, die auf dem Trail arbeiten.

Verschiedene Reinigungsaktionen in den vergangenen Jahren (u.a. vom South American Explorers Club organisiert) haben zwar großartiges vollbracht, doch wäre es schön, wenn solche Aktionen gar nicht erst nötig wären. Zum Schutz und Erhalt des Inka Trails wurden einige Regeln aufgestellt:

- Es darf nur auf den vorhandenen Zeltplätzen übernachtet werden.
- Es darf nicht in den Ruinen übernachtet und auf den Steinen geklettert werden.
- Ruinensteine dürfen nicht verwendet werden, um eine Kochstelle zu errichten.
- Lagerfeuer sind nicht gestattet.
- Die ausgeschilderten Wege dürfen nicht verlassen werden.
- Es dürfen keine Pflanzen oder Blüten gepflückt werden.
- Tiere dürfen nicht gestört werden.
- Abfälle müssen eingesammelt und mitgenommen werden.
- Exkremente gehören vergraben, auf keinen Fall aber in der Nähe von Wasserstellen.

Verpflegung

Hat man eine Gruppentour gebucht, kümmert sich der Veranstalter um das Essen und man braucht höchstens ein paar Schokoriegel einzustecken, die zwischendurch etwas extra Energie bringen. Denn ansonsten bereiten Köche das Frühstück, Mittagessen, einen Snack kurz nach der Ankunft an den Etappenzielen und das Abendessen zu. Je nach Preis der Tour variiert das Essen. Bei vielen Anbietern werden Wünsche nach vegetarischem Essen erfüllt.

Organisiert man die Wanderung allein, muß man überlegen, was und wieviel man unterwegs braucht. Entweder, man bringt das Essen schon von zu Hause in Form von dehydriertem Tütenfutter mit und kauft nur noch einige frische Sachen vor dem Start in Cusco dazu oder man besorgt alles vor Ort. Da es auf dem Trail außer in Wiñay Wayna keine Möglichkeit gibt, etwas nachzukaufen, gilt es, gut zu planen. Zu hungern und mit einem knurrenden Magen in den Schlafsack zu kriechen, ist das letzte, was man nach einem anstrengenden Tag möchte.

Hier eine mögliche **Verpflegungsliste** für vier Tage (3x Frühstück, 3x Mittagessen, 3x Abendessen):

- [ ] 15 Brötchen
- [ ] 500 g Käse
- [ ] 6 Äpfel
- [ ] 6 Bananen
- [ ] 8 Schokoriegel
- [ ] 4 Dauerwürste
- [ ] 500 g Erdnüsse
- [ ] 1 Paket Wienerwürstchen
- [ ] 3 Zwiebeln
- [ ] 3 Tütensuppen
- [ ] 1 Paket Kartoffelpüree
- [ ] 500 g Nudeln
- [ ] 1 kleine Dose Thunfisch
- [ ] 2 Tüten Nudelsauce

Zeit

Der Zeitunterschied zwischen Peru und Deutschland, Österreich und der Schweiz beträgt sechs Stunden. Zeigen die Uhren in Cusco 12:00 an, ist es in Berlin, Wien oder Bern bereits 18:00. Während der Sommerzeit kommt noch eine Stunde dazu (= 19:00).

Cusco und Umgebung

Der Ursprung

Für das Volk der Inkas war Cusco "der Nabel der Welt" und das Zentrum ihres riesigen Reiches, das sich in der Blütezeit von Südkolumbien im Norden, bis nach Mittelchile im Süden ausdehnte. Das Tal, in dem Cusco liegt, war schon lange vor Ankunft der ersten Inkas besiedelt, doch gegründet wurde die Stadt erst um das Jahr 1200.

Einer Legende nach sandte der Sonnengott Inti seine beiden Kinder, die ersten Inkas Manco Capac und Mama Ocllo auf die Erde, um Kultur und Erleuchtung unter die Menschheit zu bringen. Von der Isla del Sol im Titicaca See machten sie sich auf die Suche nach einem geeigneten Ort, um ihr Reich zu gründen.

Sie hatten einen goldenen Stab dabei, und wo dieser sich ganz in die Erde treiben ließe, sollten sie sich niederlassen. Als sie die Stelle des heutigen Cusco erreichten, testeten sie auch dort den Boden auf seine Beschaffenheit - der Stab sank tief in den fruchtbaren Untergrund. Das war das Zeichen, auf das sie gewartet hatten. Sie gründeten die Stadt und nannten sie Qosqo, was übersetzt "Nabel der Erde" bedeutet.

Viele Jahre lebten die Inkas (anfangs galt die Bezeichnung "Inka" nur für die Adligen und die Herrscherkaste, wurde aber später auf das ganze Volk ausgedehnt) in und um Cusco und verwendeten kaum Energie darauf, ihr Reich zu vergrößern. Von Zeit zu Zeit gab es kriegerische Auseinandersetzungen mit den anderen Stämmen, die in der Gegend heimisch waren, aber bis ins 15. Jahrhundert kam es nie zu einem größeren Feldzug. Erst das Jahr 1438 brachte einen Wendepunkt.

Die Chanka, ein Indianerstamm aus dem Osten, belagerten Cusco, in dem zu diesem Zeitpunkt der 8. Inkaherrscher, Viracocha Inka, an der Macht war. Er war kurz davor, aufzugeben, als sein Sohn Pachacútec mit der Hilfe einiger Generäle in einer letzten Schlacht die Chanka besiegte. Daraufhin stieß er seinen Vater vom Thron und ernannte sich selbst zum 9. Inka. Er war es, der bald darauf Feldzüge in alle Himmelsrichtungen unternahm und sich mehr und mehr Menschen und Land untertan machte. Unter seiner Herrschaft, und der seines Sohnes Túpac Yupanqui vom Jahre 1471 an, dehnte sich das Reich immer weiter aus, zuletzt bis zur ecuadorianisch-kolumbianischen Grenze im Norden und unterhalb Santiago de Chile im Süden. Der folgende 11. Inka, Huayna Capac, war der letzte Herrscher über ein ungeteiltes Reich dieser gigantischen Ausmaße. Bevor er im Jahre 1525 starb, teilte er es unter seinen Söhnen Huáscar und Atahualpa in eine Nord- und Südhälfte auf. Das war ein folgenschwerer Fehler, denn beide wollten alleinige Herrscher sein und bald entbrannte ein Krieg zwischen den beiden.

Mit Pachacútec hatte ein Aufschwung begonnen, in dem sich Cusco von einem Bauerndorf zu einer großen und reichen Stadt mit Tempeln und Palästen und geschätzten 200.000 Einwohnern entwickelte. Doch, so schreibt der Cuscoexperte Peter Frost in seinem Buch *Exploring Cusco*, war Cusco nicht nur die Hauptstadt des Andenreiches Tahuantisuyo, dem "Reich der vier Welten", sondern vielmehr auch eine heilige Stadt, die unter den Quechua-Indianern als Pilgerstätte einen ähnlichen Stellenwert einnahm, wie Mekka in der moslemischen Welt.

Die Spanier

Als der Spanier Francisco Pizarro im November 1533 kampflos in Cusco einzog, war er überwältigt von den Schätzen der Stadt. Mit nur einer kleinen Gruppe von berittenen Männern war er eineinhalb Jahre zuvor in Tumbes, im hohen Norden Perus, an Land gegangen und hatte den Inkaherrscher Atahualpa, der kurz zuvor seinen eigenen Bruder Huáscar im Kampf um die Alleinherrschaft des Reiches besiegt und getötet hatte, gefangengenommen.

Atahualpa hatte die Gefahr, die von den Invasoren ausging völlig unterschätzt und war ihnen so in die Falle gegangen. Mit einem Zimmer voller Gold wollte er sich freikaufen, doch als Pizarro das Lösegeld erhalten hatte, ließ er den Herrscher trotzdem umbringen.

Das Volk, das durch den Bürgerkrieg ohnehin schon geschwächt war, fühlte sich nun führerlos und leistete keinen nennenswerten Widerstand mehr. Alsbald ließ Francisco Pizarro alles Gold und Silber der Stadt zusammentragen, abtransportieren und einschmelzen.

Um das Volk zu beruhigen, setzte er Manco, einen Halbbruder des von Atahualpa getöteten Huáscar als Marionetten-Herrscher ohne Macht ein. Pizarro selbst zog weiter an die Küste und gründete dort die Hauptstadt Lima.

1536 besann sich der junge Manco Inka seiner Wurzeln, sammelte ein immenses Heer von kampfeswilligen Männern (geschätzt werden zwischen 100.000 und 200.000 Krieger) um sich und griff Cusco an. Hatte Pizarro schon einen Teil der Stadt zerstört und nach seinen Vorstellungen neu aufgebaut, wurde sie in der folgenden Schlacht fast dem Erdboden gleich gemacht.

Nachdem Manco die Festung ☞ Saksayhuaman erobert hatte, belagerte und beschoß er von dort die unter ihm liegende Stadt. Dabei brannte Cusco völlig nieder. Doch alles war umsonst, denn in einer letzten Kraftanstrengung gelang es Juan Pizarro, einem jüngeren Bruder von Francisco, Manco zu vertreiben und die Stadt zurückzuerobern. Der Inka zog sich nach Vilcabamba im Dschungel zurück.

Abgesehen von einem großen Erdbeben im Jahre 1650, dem viele Kolonialbauten zum Opfer fielen, vergingen die Tage in Cusco im 17. Jahrhundert recht ruhig. Die Stadt entwickelte sich prächtig und war zeitweise die größte der Neuen Welt. Auf den Grundmauern der Inkas, denen weder Erdbeben noch die Zerstörungswut der Konquistadoren etwas hatte anhaben können, wurden neue Häuser und Kirchen errichtet.

Ein letzter großer Indioaufstand fand gegen Ende des 18. Jahrhunderts seinen Anfang in Cusco. Sein Initiator war Jose Gabriel Condorcanqui, der sich in Anlehnung an den letzten, 1572 hingerichteten, Inka, Túpac Amaru, Tupác Amaru II. nannte. Nachdem es den Rebellen zeitweise gelungen war, Cusco wieder einzunehmen, wurde die Revolte niedergeschlagen und Tupác Amaru II. auf der Plaza de Armas hingerichtet.

Die Unabhängigkeit

Dank der tatkräftigen Unterstützung des argentinischen Generals José de San Martin konnte am 28. Juli 1821 die Unabhängigkeit Perus von Spanien ausgerufen werden, doch erst drei Jahre später und mit Hilfe des Venezolaners Simón Bolívar und seines Generals José de Sucre konnten die Besetzer wirklich zur Kapitulation gezwungen werden. (Offiziell wurde die Unabhängigkeit der Republik erst 1879 von Spanien anerkannt.)

Zwar war Peru nun eigenständig, doch hemmte dies die weitere Entwicklung Cuscos ganz entscheidend. Der Aufschwung stagnierte, die Stadt geriet in Vergessenheit. Erst in den 40er Jahren des 20. Jahrhundert wurde sie von der westlichen Welt wiederentdeckt und ihre Popularität vor allem unter Reisenden stieg.

Nur die terroristischen Aktivitäten des *Leuchtenden Pfads* und anderer Untergrundtruppen konnten diese Entwicklung zwischenzeitlich aufhalten. 1985 wurde Cusco, das unter der indigenen Bevölkerung immer die kulturelle Hauptstadt geblieben und nie in Vergessenheit geraten war, zusammen mit Machu Picchu von der Unesco zum Kulturerbe der Menschheit erklärt.

Heute

Heute ist Cusco ein Magnet der Touristenströme aus aller Welt anzieht. Die Stadt bietet eine spannende Mischung aus Inkabauten und Kolonialarchitektur und wird oft mit Kathmandu in Nepal verglichen. Rund 300.000 Menschen leben hier, die meisten sind indigener Abstammung. Jährlich besuchen zigtausende Touristen die Stadt, vor allem, um von dort nach Machu Picchu zu fahren, auf dem Inka Trail zu wandern und die vielen lohnenden Ziele in der Umgebung zu besuchen.

Diese Touristenflut hat natürlich dazu beigetragen, daß die Stadt nicht mehr so ursprünglich ist, wie noch vor 30 Jahren. Reisebüros, Touranbieter, Restaurants, Kneipen, Bars, Hotels und Souvenirshops gibt es an jeder Ecke, eine schmale Straße an der Plaza wird wegen ihres gehäuften Angebots solcher Etablissements schon "Gringo-Gasse" genannt. Doch trotz allem ist das Flair, das die Stadt ausstrahlt einzigartig und Cusco ist noch immer ein sehr lohnendes Urlaubsziel.

Cusco

Information

Auskünfte gibt es entweder beim Touristenbüro gegenüber der Kirche La Merced oder in den Reisebüros und bei Touranbietern. Auch wenn sie einmal nichts verkaufen können, geben sie meist gern Auskunft.

Eine große Infobörse sind natürlich andere Reisende, auf die man unterwegs trifft. Bei ihnen bekommt man vor allem aktuelle Tips zur Qualität von Veranstaltern, Reisebüros, Hotels, Restaurants und Bars, wie sonst nirgendwo.

♦ Información Turistica de la Dirección Regional de Industria y Turismo, Portal Mantas 188, ☏ 26-3176, werktags 8:00-19:00, Sa 8:00-14:00.

*Das **Boleto Turístico (BT)**, ohne das man in die wenigsten Museen und in keine der großen Ruinen kommt, wird vom Instituto Nacional de Cultura Cusco (INC) in der Calle Garcilaso/Calle Heladeros, an der Ecke des Hauses, in dem das Museum Casa Garcilaso untergebracht ist, verkauft. Das 10 Tage gültige Ticket kostet für Erwachsene US$ 10, für Studenten (Internationale Studentenkarte erforderlich) US$ 5.*

Sehenswürdigkeiten, die nur mit dem Boleto Turistico besucht werden können, sind die Ruinen von Saksayhuaman, Qenko, Puka Pakara, Tambo Machay, Pikillaqta, Parque Arqueológico de Pisac, Ollantaytambo, Tipón und Chinchero.

Museen und Kirchen in Cusco: die Kathedrale, die Kirche San Blas, Museo de Arte Religioso, Museo Santa Catalina, Museo Palacio Municipal, Museo Arquelogico Qorikancha und das Museo Histórico Regional.

Polizei

Das Büro des *Servicio de Protección al Turista* an der Plaza de Armas, Portal de Belén 113, ist zuständig für Touristen, die z.B. von Reisebüros, Touranbietern oder Restaurants betrogen, geprellt, usw.

worden sind. Sie ist 24 Stunden am Tag unter ☏ + FAX 01-224-7888 zu erreichen. Die Polizeistation der *Policía de Turismo* befindet sich in der Calle Saphi.

♦ Polizei-Notruf ☏ 105.

Museen

⌘ **Museo de Historia Natural** der *Universidad Nacional de San Antonio Abad del Cusco*, an der Plaza de Armas, rechts neben der La Compañia. Zu sehen sind Tiere der Selva (Dschungel), Costa (Küste) und Sierra (Gebirge), wie Insekten, Flamingos oder Alpakas, ausgestopft oder in Alkohol eingelegte Fossilien. Alligatoren mit Murmeln als Augen und Schlangen leiten zu den ungewöhnlichen Höhepunkten über: Ein siamesisches Zwillingsmeerschwein, ein siamesisches Zwillingsschaf und menschliche Föten in den verschiedenen Entwicklungsphasen von einem Monat und 13 Tagen, über mehrere Stufen zu sieben Monaten und 15 Tagen.

♦ Mo-Fr 9:00-13:00 + 15:00-18:00, US$ 0,30.

⌘ **Museo Arquelogico Qorikancha**, (BT). In drei unterirdischen Räumen an der Av. Sol, fünf Blöcke südlich der Plaza werden Keramiken und Metallarbeiten wie goldene Lamas und ein silberner Maiskolben ausgestellt. Sehenswert sind eine Reihe von Fotos der Stadt von 1935.

♦ Mo-Fr 9:00-17:30, Sa 9:00-13:00.

⌘ **Casa Garcilaso**, (BT). In dem Gebäude, in dem der bedeutendste Chronist der Inkazeit, Garcilaso de la Vega (1539-1616), geboren wurde, ist heute das **Museo Histórico Regional** untergebracht. Das interessanteste Ausstellungsstück unter vielen Münzen, Gemälden und Möbeln, ist eine Mumie mit 1,50 m langen Haaren. Im zweiten Stock sind Fotos aus Cusco zwischen 1900 und 1949 zu sehen. Calle Garcilaso/Ecke Calle Heladeros.

♦ Mo-Sa 8:00-17:30.

⌘ **Museo de Arte Contemporaneo**, Plaza Cusipata, Hauptsächlich moderne Gemälde, einige Skulpturen. Mit schönem Innenhof.

♦ Mo-Sa 9-19, Eintritt frei.

⌘ **Museo de Arte Religioso**, (BT) Calle Hathunrumiyoq/Ecke Calle Palacio. Allein ein Blick in den sehenswerten Innenhof rechtfertigt einen Besuch des Museums. Zu den Ausstellungsstücken zählen viele Gemälde der *Escuela Cusqueña*, einer Malschule, die um 1575 von den Spaniern eingerichtet wurde, um den plötzlich großen Bedarf an

Bildern für die neu erbauten Kirchen, Paläste, Klöster und Herrenhäuser zu decken. Einheimische Maler wurden in den europäischen Techniken unterwiesen, ließen bald aber ihren eigenen Stil einfließen.

♦ Mo-Sa 8:00-11:30 + 15:00-17:30.

⌘ Der Eintritt zum **Museo del Inka/Archäologisches Museum** (Calle Tucumán/Ecke Calle Ataud), ist nicht im Boleto Turístico eingeschlossen, doch das sollte niemanden vom Besuch dieses wirklich interessanten Museums, das im Casa del Almirante untergebracht ist, abhalten. Unter den Exponaten befinden sich, neben Schmuck- und Keramikarbeiten und vielen Gebrauchsgegenständen auch Mumien und operativ geöffnete (trepanierte) Schädel aus der Inkazeit. Das Museum steht auf den Grundmauern des einstigen Palastes des Inkaherrschers Huáscar.

♦ Mo-Fr 8:00-17:00, Sa 8:00-12:00.

Weitere Sehenswürdigkeiten

❋ Die **Plaza de Armas** ist der Mittelpunkt von Cusco und auf fast allen Seiten von Arkaden mit holzgeschnitzten Balkonen umgeben. Im Mittelpunkt des Platzes gibt es einen Springbrunnen, der von Gustave Eiffel, dem Erbauer des Eiffelturmes, erschaffen wurde. Noch bis ins Jahr 1997 war der Brunnen von Grünflächen und mehreren Bäumen umgeben, die jedoch der neue Bürgermeister im Rahmen seiner Stadterneuerungskampagne in einer Nacht-und-Nebel-Aktion allesamt fällen ließ.

Viele Bewohner der Stadt waren daraufhin so empört, daß sie tagelang das Rathaus belagerten und letztendlich alle Bäume auf dem Privatgrundstück des Bürgermeisters fällten. Zu einer Neuanpflanzung von Bäumen auf der Plaza hat diese Aktion leider bis heute noch immer nicht geführt.

In Inkatagen war der Platz mehr als zweimal so groß und wurde *Huacaypata* (auch *Aucaypata*) genannt. Der Boden bestand aus Sand der verschiedenen Regionen des Reiches. Nach jeder Neueroberung wurde etwas Erde hierher transportiert und mit dem Sand der Plaza vermengt. Viele Paraden und Zeremonien fanden hier statt, unter anderem auch das Inti-Raymi, das Fest der Wintersonnenwende, das nun jährlich in Saksayhuaman veranstaltet wird. Doch Huacaypata hat auch viel Blut gesehen, unter anderem die Hinrichtung des letzten Inka Túpac Amarú II. im Jahre 1781.

Jeden Sonntag geht es auch heute noch festlich auf der Plaza zu. Denn dann wird die Nationalflagge Perus sowie die regenbogenfarbene Fahne der Inkas gehißt. Verbunden wird diese Zeremonie mit

Kapellmusik und Aufmärschen von Schulklassen, Krankenschwestern, Polizisten und der Armee.

✱ Das mächtigste Bauwerk, die Kathedrale (**La Cathedral**) liegt an der nordöstlichen Seite der Plaza de Armas. Sie wurde auf den Grundmauern des Palastes des 8. Inkaherrschers Viracocha zwischen 1559 und 1654 erbaut. In der fast 100 Jahre andauernden Bauzeit wurde ein wahre Festung errichtet. In einem der 33 m hohen Türme des dreischiffigen Baus hängt die mit 1.200 kg größte Glocke Südamerikas, die *María Angola*, die aus Bronze, Silber und Gold gegossen wurde. Sie wird nur zu besonderen Anlässen geläutet, soll dann aber noch in 40 km Entfernung zu hören sein.

Im Inneren der Kathedrale findet man den mächtigen, mit 180 kg Silber beschlagenen Altar. Das Edelmetall stammt aus Potosí, das im

Legende Cusco

1. Museo Historico Regional im Casa Garcilaso (nebenan INC, Verkauf des Boleto Turístico)
2. Museo del Inka
3. Museo Arte Religioso
4. 12-eckiger Stein
5. Museo Arquelogico Qoricancha
6. Museo de Historia Natural
7. Museo de Arte Contemporaneo
8. Norton Rat's Tavern
9. Kin Taro
10. Trattoria Tiziano
11. Uptown
12. Mama Africa
13. Ukuskus
14. Cross Keys Pub
15. Paddy Flahertys
16. Tumi's Video Pub
17. Los Tomines
18. Kusy Kuy
19. Chifa Sichuan
20. Pizzeria Americana
21. Café Vayaroc
22. Restaurant Belle Napoli
23. Keros
24. La Tertulia / Amauta
25. Govinda
26. Café Bagdad
27. Chez Maggi
28. Hostal Royal Qosqo
29. Hostal Suecia II
30. Colegio Santa Rosa de Lima
31. Hostal Nirrey / Mayuc
32. Hostal Royal Frankenstein
33. Hostal Choquechaca
34. Hostal Rojas
35. Hostal Adomar
36. Posada del Inca
37. Shop Market / La Gran Licoreria
38. Gatos Market
39. Multi Market
40. El Chinito Supermarkt
41. Superlab
42. Apotheke
43. Ccorihuaman
44. Eric Adventures
45. Instinct
46. dt. Konsulat / Acupari
47. Inca Explorer
48. SAS Travel
49. United Mice
50. Telefonica del Peru
51. Telser (Telefon/Internet)
52. Red Cientifica Internet
53. Qolque Wasi
54. Lavanderia Splendor
55. Laundry Service Full

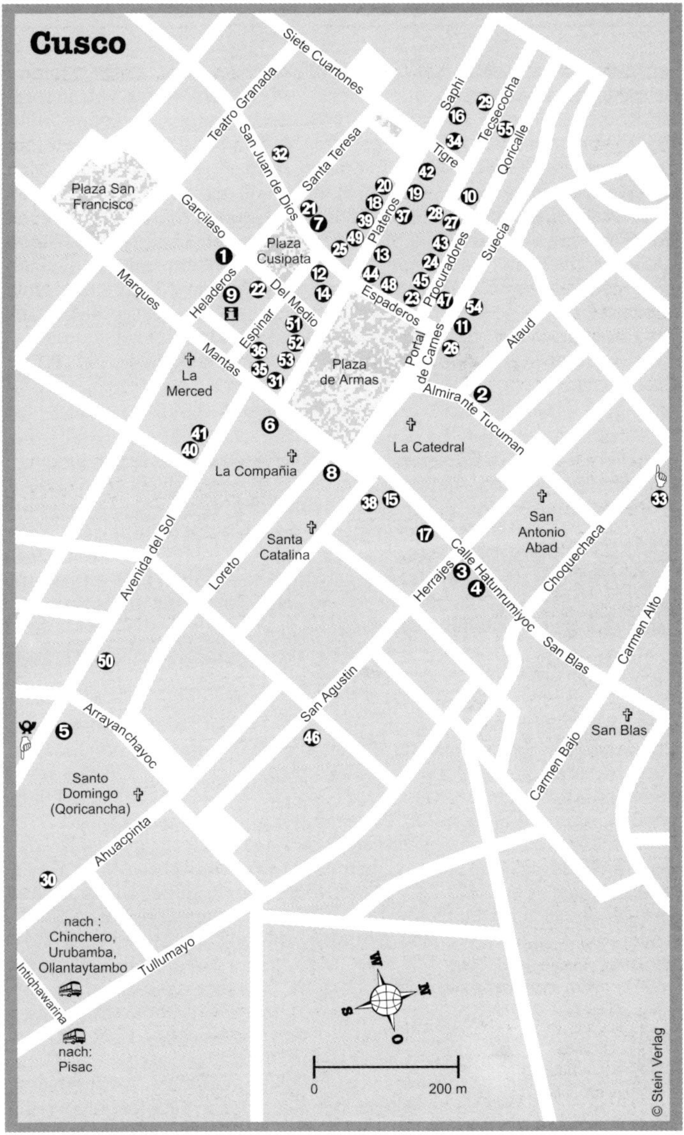

Cusco
Siete Cuartones
Teatro Granada
San Juan de Dios
Santa Teresa
Saphi
Tecsecocha
Tigre
Qoricalle
Plaza San Francisco
Garcilaso
Plaza Cusipata
Plateros
Procuradores
Suecia
Heladeros
Del Medio
Espaderos
Marques
Espinar
Mantas
Plaza de Armas
Portal de Carnes
Ataud
La Merced
Almirante Tucuman
La Catedral
La Compañia
San Antonio Abad
Santa Catalina
Avenida del Sol
Loreto
Calle Hatunrumiyoc
Herrajes
Choquechaca
San Blas
Carmen Alto
San Agustin
Arrayanchayoc
San Blas
Carmen Bajo
Santo Domingo (Qoricancha)
Ahuacpinta
nach : Chinchero, Urubamba, Ollantaytambo
Tullumayo
Intiqhawarina
nach: Pisac
W
N
S
O
0
200 m
© Stein Verlag

heutigen Bolivien liegt. Viele edle Schnitzereien und einige hundert Gemälde der *Escuela Cusqueña* verzieren die Kirche, die von mehreren Erdbeben immer wieder stark beschädigt wurde. Seit dem Jahre 1650 wird daher zum *Señor de Temblores*, gebetet. Der *Herr der Erdbeben*, ein Geschenk von Kaiser Karl V., befindet sich reich geschmückt in einer der Seitenkapellen und wird bei Prozessionen durch die Straßen getragen. Rechts des Altars hängt ein großes Gemälde des Abendmahls, dem die Maler der Escuela Cusqueña eindeutig ihren Stempel aufgedrückt haben: Auf dem reich gedeckten Tisch liegt ein gegrilltes Meerschweinchen. Links des Altars findet man in einer Seitenkapelle ein Bild neueren Datums. Es zeigt den Besuch von Papst J. Paul II. im Februar 1985 in der Festung Saksayhuaman.

♦ Mo-Sa 🚪 10:00-11:30 + 14:00-17:30, BT.

✱ Nur einen Steinwurf weit entfernt liegt am Südostende der Plaza de Armas die **Kirche La Compañia**. Sie wurde ebenfalls auf den Grundmauern eines Palastes, dem des Inka Huayna Cápac, errichtet. Die Jesuiten wollten mit dem Bau ein Zeichen setzen und sie zur imposantesten Kirche Cuscos machen, die selbst die Kathedrale übertreffen sollte. 1571 wurde mit den Arbeiten begonnen, doch noch vor ihrer Fertigstellung stürzten die Mauern während des großen Erdbebens von 1650 ein. Allerdings wurde fast augenblicklich danach mit dem Wiederaufbau begonnen, so daß sie gegen Ende des 17. Jahrhunderts endlich fertig war.

♦ Mo-Fr 🚪 9:00-11:00 + 15:00-18:00, Sonntagsmessen, 7:30/11:30/18:00/ 19:00. Eintritt frei.

✱ Sehr lohnend ist auch ein Besuch der Klosteranlage des **Convento de Santo Domingo**. Wie in vielen Gebäuden der Stadt ist auch hier der Innenhof sehr attraktiv, doch was diesen Ort viel mehr ausmacht, sind die Inkamauern, die nirgendwo sonst so gut erhalten geblieben sind. Für den Bau der Kirche und des Klosters mußten die Grundmauern des einst schönsten und reichsten Inkatempels, des **Sonnentempels Qoricancha**, herhalten. Ursprünglich war der Palast die Residenz des ersten Inka Manco Capac, erst später wurde er zum Tempel der wichtigsten Gottheit der Inkas, der Sonne, umfunktioniert.

Als die Spanier in Cusco eintrafen, müssen sie vom Prunk Qoricanchas geblendet gewesen sein. Die Mauern waren mit Goldplatten beschlagen, es gab eine riesige goldene Scheibe, die die Sonne, und eine silberne Scheibe, die den Mond darstellte. Im Garten waren goldene und silberne Nachbildungen von Maiskolben, Büschen und Bäumen, Vögeln, Lamas und ihren Hirten.

Im Sonnentempel wurden die Mumien früherer Inkaherrscher aufbewahrt. Sie waren ebenfalls mit Gold- und Silbergegenständen verziert und trugen Kleider aus feinster Vicuñawolle, die mit Edelsteinen und Goldschmuck besetzt waren.

Die Gier der Eroberer machte sie blind und so dauerte es nur eine sehr kurze Zeit, bis sämtliche wertvollen Gegenstände abtransportiert und eingeschmolzen und den Inkas und der Nachwelt für immer verloren waren.

Die Tempelanlage, zu der neben dem Sonnentempel auch Mond- und Sternentempel gehören, wurde Juan Pizarro, dem jüngeren Bruder von Francisco, vermacht. Doch er konnte sich nicht lange daran erfreuen, denn er starb bei der Schlacht von Saksayhuaman im Jahre 1536. Er vermachte den Tempel den Dominikanern, die auch heute noch die Besitzer sind.

Im Inneren der Anlage kann man auf hervorragende Weise die Inkamauern mit ihrem grandiosen Verbindungen betrachten, der den Bauten die Stabilität und Flexibilität gab, so viele Erdbeben zu überstehen. Bolzen, Zapfen und Nuten greifen ineinander, so daß kein Mörtel nötig war, um die Steine zusammenzuhalten.

♦ Mo-Sa 8:00-17:00, So 14:00-16:00, S 2.

✱ So manches Gebäude in Cusco steht auf den Grundmauern alter Inkapaläste und man kann vielerorts sehen, wie gut die Steine eingepaßt sind. Ein berühmtes Glanzstück dieser Technik, ist der **Zwölfeckige Stein** in der Grundmauer des heutigen Museo de Arte Religioso in der Gasse Hathunrumiyoq. Die Mauer des damaligen Palastes Inca Roca ist eine der schönsten der Stadt.

✱ Zwar hat man von der Festung von Saksayhuaman einen schönen Blick über ganz Cusco. Doch wer die Stadt einmal aus der anderen Richtung, von unten sozusagen, betrachten will, sollte sich zu der **Inka Statue** am Ende der Av. Alameda, die die Verlängerung der Av. Sol darstellt, aufmachen. Dort, kurz vor dem Busbahnhof, thront die riesige goldene Statue des Inka Pachacútec in Siegerpose auf einem Turm. 111 Stufen steigt man im Inneren bis nach oben und kommt dabei an mehreren kleinen Ausstellungen vorbei, u.a. an einer über das Leben des berühmten neunten Inkaherrschers, der die Ausdehnung des Inkareiches vorantrieb.

Service Cusco

- Das Hauptpostamt **Correo Central**, befindet sich in der Av. Sol/Ecke Calle San Miguel, Mo-Sa 8:00-18:00, So 8:00-12:00.
- ♦ Postfiliale **Serpost** im Souvenirshop, Calle Hathunrumiyoq 487.
- ♦ Weltweiter **Kurierdienst DHL**, Av. Sol 627; Mo-Fr 8:30-13:00 + 15:00-19:30, Sa 8:30-13:00 + 15:00-18:00. Kosten für den Service nach Europa: ½ kg US$ 65; 1 kg US$ 77; 2 kg US$ 105.
- ✆ **Vorwahl** von Cusco 084.

- Telefonieren bei **Telefonica del Peru**, Av. Sol, zwei Blöcke oberhalb der Post auf der linken Seite. Mo-So 7.00-23:00, Fax- und Telefonempfang je US$ 0,60. Telefonempfang unter ☏ 0051-84-244300 + ☏ 245981 + ☏ 222020, Faxempfang: FAX 0051-84-241008 (Faxseite nach Europa US$ 5).
- Eine weitere private **Telefongesellschaft Telser** (teurer) findet man in der Calle del Medio, direkt an der Plaza de Armas (Anruf nach Europa US$ 2,50 je angebrochene Minute). Telefonempfang: ☏ 0051-84-242424, Faxempfang: FAX 0051-84-242222.

- **Telser**, Calle del Medio, einen halben Block von der Plaza de Armas. Schnell. 1 h US$ 1,60, ab 21:30 US$ 1,20, 6:30-9:30 US$ 1,40.
- **Red Cientifica Persona Internet Peru**, Portal Comercio 141, Plaza de Armas, Mo-So 9-22, ¼h US$ 0,30, ½h US$ 0,60 1h US$ 1,30.

BANK In der Av. Sol gibt es eine Reihe von **Banken**, die Dollar in Soles wechseln und Geldautomaten haben. Vor den Türen kann man auch außerhalb der Geschäftszeiten bei Straßenwechslern tauschen. Ansonsten liegen rund um die Plaza de Armas und an der Av. Sol mehrere Wechselstuben, die meist den besseren Wechselkurs haben und auch Reiseschecks nehmen.
- **Banco Latino**, Av. Sol, Automat für Mastercard.
- **Bancosur**, Av. Sol 459, Visa-Bankautomat.
- **Interbank**, Av. Sol/Ecke Calle Puluchapata, Bankautomat für Visa.
- Die Wechselstube **Qolque Wasi** im Souvenirladen Artesanias Awana Wasi an der Plaza de Armas, Portal de Comercio 117 (gute Kurse).

Stadtverkehr
- In Cusco ist man am besten zu Fuß unterwegs, für längere Strecken bieten sich Busse und Taxen an. Am Terminal wird schnell von Taxifahrern überrumpelt. Mehr als US$ 1 sollte man für die Fahrt ins Zentrum nicht zahlen.

Fernverkehr
- Busse nach Lima, Puno, Copacabana und La Paz fahren vom Terminal am Ende der Av. Pachacutec (Verlängerung der Av. Sol) ab.
- Libertad, nach Puno, tägl. 7:45, 9 h, US$ 5, nach La Paz gleiche Abfahrt, 13 h, US$ 12, ☏ 234161.
- Virgen de Guadelupe, Cusco-Puno tägl. ab 20:00, an 5:00, US$ 5, Cusco-Puno weiter nach einem 3h Stop: Puno-La Paz, US$ 8.
- Expreso Internacional Ormeño, fährt täglich um 17 Uhr nach Lima, 28 h, US$ 18 mit Video, ☏ 229763.

Busse ins Valle Sagrado
- Busse nach Chincheros und Urubamba (US$ 0,80) und Ollantaytambo (nur mit Umsteigen in Urubamba) fahren vom Terminal in der Calle Intiqhawarina/Ecke Calle Tullumayo ab. Busse nach Pisac (US$ 0,50) starten schräg gegenüber in der Av. Tullomayo.

Züge
- Cusco hat zwei Bahnhöfe. Aus dem einen verkehren die Züge nach Machu Picchu, aus dem anderen nach Juliaca/Puno. Tickets bekommt man entweder in Reisebüros, wobei man allerdings einen höheren Preis bezahlt oder man besorgt sich die Karten am Tag vor der Abreise direkt im Bahnhof.
- **Nach Puno**: Abfahrt von der Estacion Wanchaq, Av. Pachacutec, Eingang zwei Blocks von der Av. Sol entfernt. Mo-Fr 8:00-12:00 + 14:00-17:00, Sa 7:00-12:00, So 8:00-10:00, ☏ + FAX 084-238722.

Preise für die rund zehnstündige Fahrt:

Klasse	Preis	Puno - Cusco	Cusco - Puno
Economico	US$ 8	Mo/Mi/Fr/Sa	Mo/Mi/Do/Sa
Pullman	US$ 19	ab 8:00	ab 8:00
Inka	US$ 23	an 18:15	an 18:15

♦ **Nach Machu Picchu** (Bahnstation Aguas Calientes): Es gibt drei Züge nach Aguas Calientes: einen lokalen Zug, einen *Tren de Turismo* mit den Klassen *Economico*, *Pullman*, *Inka* und einen getrennt fahrenden Schienenbus, den *Autovagon Turismo*.
Alle Züge fahren von der Estacion San Pedro, Av. Cascaparo, gegenüber dem Mercado Santa Ana, ☏ 238722, ab. Abgesehen vom "Bummelzug" muß man allerdings die Tickets für diesen Zug auch in der Estacion Wanchaq am Vortag kaufen.

Klasse/Zug	Preis	Cusco - A.C.	A.C.- Cusco
Lokalzug, 1 Klasse, einfache Fahrt	US$ 5	tägl. ab 6:45, an 11:00	tägl. ab 16:30 an 21:30
Tren de Turismo, Economico, Hin- und Rückfahrt	US$ 18	Mo-Sa, ab 6:25, an 10:15	Mo-Sa, ab 16:00, an 20:15
Tren de Turismo, Pullman	US$ 34	s.o.	s.o.
Tren de Turismo, Inka	US$ 45	s.o.	s.o.
Autovagon Turismo, Hin- und Rückfahrt	US$ 55	Mo-So, ab 6:00, an 9:10	Mo-So, ab 15:00, an 18:25

☺ *Tren de Turismo* und *Autovagon Turismo*, Kinder bis 12 halber Preis.

Mietwagen **Localiza Rent a Car**, Av. Sol 1089, Mo-Fr 8:30-19:30, Sa 9:00-18:30, ☏ 263448.

Der *Alejandro Velasco Astete* **Flughafen** von Cusco liegt im Südosten der Stadt. Es gibt einen Bus, der von der Plaza de Armas fährt (US$ 0,20), Taxis berechnen ca. US$ 2. Von Cusco kann man die meisten Städte Perus und außerdem La Paz in Bolivien anfliegen. Je nach Saison variieren die Flugpreise erheblich. Von Juni bis September zahlt man nach La Paz ca. US$ 100, nach Lima ca. US$ 60. Vor allem die Flüge von und nach Lima sind oft sehr schnell ausgebucht, teilweise auch überbucht. Vor dem Abflug noch einmal checken. Flüge kann man direkt bei den Fluggesellschaften und in fast jedem Reisebüro buchen.

♦ **Aero Perú**, Av. Sol 567-A, ☏ 2228591 + ☏ 240195.

♦ **Aero Continente**, Portal de Harinas 182, ☏ 243031.

Auch durch die Luft kann man nach Machu Picchu bzw. nach Aguas Calientes kommen. Täglich 8:45 startet ein Hubschrauber vom Flughafen. Infos und Reservierungen z.B. in der Calle Triunfo 379, 2. Stock, ☏ 24-3555 + ☏ 22-7283 und in vielen Reisebüros.

♦ Cusco-Aguas Calientes US$ 80, Hin- und Rückflug US$ 150.

Da Cusco von **Hotels** aller Preisklassen übersät ist, ist es nicht möglich, hier alle aufzuführen. Vielmehr habe ich eine Auswahl an verschiedenen Unterkünften getroffen, unter denen für jeden etwas dabei sein müßte.

Außerhalb der Hauptsaison ist es meist kein Problem ein Zimmer zu bekommen, von Juni bis August kann es manchmal eng werden, und Reservierungen sind ratsam. Besonders zum Inti-Raymi Fest (24. Juni) und zum Nationalfeiertag (28. Juli) ist Cusco oft total ausgebucht.

♦ EZ = Einzelzimmer, EZB = Einzelzimmer mit Bad, DZ = Doppelzimmer, DZB entsprechend, 3erZ = Dreibettzimmer, 3erZB entsprechend.

Unterkunft - günstig/normal

♦ Das **Hostal Royal Frankenstein** wurde 1998 nach einer langen und harten Renovierungsphase vom Deutschen Ludwig Roth eröffnet. Sehr empfehlenswert. Calle San Juan de Dios 260, ☎ 236999, EZ US$ 5, DZ US$ 10, DZB US$ 15, 3erZB US$ 15. Im Haus gibt es Waschmaschine, Fernseher und Bar, Gäste bekommen im Café Bagdad, das einem deutschen Freund von Ludwig Roth gehört, 10% Ermäßigung.

♦ Das **Hostal Choquechaca**, Calle Choquechaca 436-B, ☎ + FAX 237265, US$ 3,30/Person, ist eine der günstigsten Unterkünfte in Cuscos Zentrum und recht passabel. Nur die Duschen sind miserabel, dafür gibt es eine kleine Küche. Etwas günstigere, dafür aber nicht sehr sichere Unterkünfte findet man nur noch rund um den Bahnhof San Pedro.

♦ Das Klosterwohnheim **Colegio Santa Rosa de Lima** bietet ruhige und sichere Zimmer an. Calle Awaqpinta 676, ☎ 262698, FAX 225791, EZ US$ 6, DZ US$ 12, inkl. Frühstück, sehr sauber, Küchenbenutzung, Fax- und Telefon-Empfang.

♦ Das **Hostal Suecia II** hat einen schönen Innenhof mit einem großen Oberlicht, der sich hervorragend eignet, um Leute kennenzulernen. Neben dem Eingang hängt ein schwarzes Brett, eine gute Stelle, um Reisepartner zu finden. Calle Tecsecocha 465, ☎ 239757, EZ US$ 7, EZB US$ 10, DZ US$ 10, DZB US$ 17, 3erZ US$ 15, 3erZB US$ 23, Frühstück für US$ 1,60 möglich.

♦ Das **Hostal Royal Qosqo** liegt nur einen Block von der Plaza entfernt. Calle Tecsicocha 2, ☎ 226221, EZ US$ 5, DZ US$ 9, 3erZ US$ 14, DZB US$ 18, 4erZB US$ 35.

♦ Das **Hostal Rojas** liegt ebenfalls nahe am Zentrum. Calle Tigre 129, ☎ 228184, EZ US$ 7, EZB US$ 13, DZ US$ 10, DZB US$ 17, 3erZ US$ 15, 3erZB US$ 23.

Unterkunft - Teurer

♦ Etwas teurer, dafür aber auch mit mehr Komfort und direkt an der Plaza gelegen ist das **Hostal Virrey**, Portal Comercio 165, Plaza de Armas, ☎ 221771, ☎ 235359 + ☎ 241378. Einige Zimmer haben Aussicht auf die Plaza, in jedem Raum gibt's Heizung und Fernseher. EZB US$ 35, DZB US$ 45, 3erZB US$ 55, Frühstück US$ 2.

♦ Wer gern ein paar Treppen steigt, um fit zu bleiben und ein Hotel der gehobenen Klasse sucht, ist im **Hostal Adomar** richtig. Es liegt in einer Seitenstraße der Plaza. Portal Mantas 128, ☎ 232249, FAX 232507, EZB US$ 35, DZB US$ 50, 3erZB US$ 60, inkl. Frühstück.

♦ Sehr nobel ist das **Posada del Inca** einen Block hinter der Plaza. Portal Espinar 142, ☎ 227061 + ☎ 234445, FAX 223091, ✉ <posada_cusco@el-olivar.com.pe> 💻 <http://www.posadas.com.pe> EZB/DZB US$ 90, Suite US$ 110, Frühstücksbüffet inklusive.

Einige Hotels bieten einen **Wäscheservice** an, andere nicht, deshalb hier zwei Adressen von Wäschereien:

- Wäscherei **Lavandería Splendor**, Calle Suecia 306, ☏ 232270, 2 h Service 1kg US$ 1,60; 5 h Service 1 kg US$ 1,30.
- **Laundry Service Full**, Calle Tescecocha, gegenüber Hostal Suecia II, ☏ 243698, 2 h Service 1 kg US$ 1; 4 h Service 1 kg US$ 0,60, wird kostenlos angeliefert, Mo-So 7:00-21:00.

Restaurants und Cafés

In Cusco hat man sich auf all die Reisenden eingestellt, die auch fernab der Heimat Pizza, Pasta u.ä. nicht missen wollen. Rund um die Plaza, vor allem in den Straßen Plateros und Procuradores findet man entsprechende Lokale. Etwas typischer kann man in mehreren Restaurants direkt an der Plaza essen, dort ist es allerdings auch teurer.

- Besonders am ersten Tag in Cusco ist ein Frühstück bei **Keros,** Calle Procuradores 50, 2. Stock, sehr nett, denn vom Balkon hat man einen schönen Blick auf die Plaza de Armas. Man kann die herumirrenden Touris und die Schuhputzerjungen, die sie jagen, beobachten, sieht die Kathedrale und die Kirche La Compañia und bekommt Lust, sofort nach der Stärkung alles zu erkunden.
- Der beste Laden zum Frühstücken in der Stadt ist das **Café La Tertulia**, Calle Procuradores 44, ☏ + FAX 241422, 6:30-23:00, Für US$ 3,50 gibt es hier ein All-You-Can-Eat-Frühstück mit Tee, Kaffee, Brot, Saft, Marmelade, Eiern, Pfannkuchen, Müsli, Yoghurt, und Obstsalat. Auch mittags und abends ißt man hier sehr gut. Es gibt Fleisch- und Käsefondue (US$ 7 bzw. US$ 15, bis 12 Uhr anmelden), Pizza, Pasta und Snacks, außerdem einen Bookexchange, eine Katze und sehr lustige Bedienungen.
- **Govinda**, Calle Espaderos 128. Gutes vegetarisches Essen, viele Leute kaufen hier Brot für die Wanderung auf dem Inka Trail.
- **Café Bagdad**, Portal de Carnes 216, links neben der Kathedrale, hat einen Balkon mit Blick auf die Plaza. Es gehört einem Deutschen, der schon seit längerem in Peru lebt. Mittagstisch US$ 2,50, Abendmenü US$ 2,80.
- **Chez Maggy**, Calle Procuradores. Die Nudeln sollte man hier besser nicht essen (ich wartete fast eine Stunde und dann waren sie völlig versalzen), die Holzofen-Pizza ist allerdings klasse.
- **KusyKuy,** Calle Plateros 348, Mo-Sa 8-23. Wer auf seiner Peru-Tour gegrilltes Meerschweinchen (*cuy*) und andere traditionelle Köstlichkeiten essen will, ist hier an der richtigen Adresse.
- **Chifa Sichuan**, Calle Plateros 380. Günstiges chinesisches Essen. Mittagstisch US$ 2,20.
- **Pizzeria Americana**, Calle Plateros 369. Einer von vielen Läden in der Umgebung, die Pizza auf der Karte haben.
- **Café Varayoc**, Calle Espaderos 142, schweizerisches Café und Restaurant mit Rösti und Fondue.
- **Restaurant Belle Napoli**, Portal Escribanos 185, Plaza Cabildo. Neben italienischem Essen, gibt es hier täglich eine Peña 20:00-21:30.
- **Trattoria Tiziano**, Calle Tegsicocha 418, Mo-So 12:00-15:00 + 18:00-23:00. Eines der vielen Pasta-Restaurants in der Nähe der Gringo-Gasse.
- **Kin Taro**, Calle Heladeros 149, ☏ 226181, japanisch.
- Auf den Straßen rund ums Zentrum findet man kleine Stände, an denen Fleischspieße (*Anticucho*) gegrillt werden. Für ca. US$ 0,30 bekommt man

hier lockeres Rindfleisch. Kostet es ab US$ 0,60 aufwärts, ist es gegrilltes Rinderherz.

Cusco ist auf die jährliche Touristenflut vorbereitet und so ist es nicht ganz leicht, neben einer **Peña** (Live-Musik der Anden mit Musikern in Trachten, manchmal mit Tanzeinlagen - die ja eigentlich auch nur für Touristen veranstaltet wird), im Zentrum einen Laden zu finden, der traditionelle Musik spielt und in dem es mehr Einheimische als Gringos gibt. Weiter außerhalb sollte man es nur versuchen, wenn man im Taxi hin- und zurückfährt und weiß, daß die Kneipe oder das Restaurant auch wirklich gut ist und keine unsichere Spelunke. In einigen Stadtteilen (z.B. Bahnhofsviertel) ist es nicht ratsam, sich nach Anbruch der Dunkelheit allein herumzutreiben.

Beliebte Pubs, Discos und Kneipen

- Wirklich nicht wie in den Anden fühlt man sich bei einem Besuch im **Uptown**, Calle Suecia 302. Ab 22:00 wird hier gute Partymusik gespielt und Gringos tanzen um die Wette. US$ 3,50 Eintritt, inkl. 1 Drink. Achtung vor Eiswürfeln, denn auch wenn man sich hier ganz wie zu Hause vorkommt, wird das Eis immer noch aus dem Wasser Perus gemacht. Happy Hour 21:00-22:00 + 23:00-23:30.
- Im **Mama Africa** Pub, Calle Espaderos 135, 2. Stock, ist die Mischung zwischen jungen Einheimischen und Travellern sehr gut. Von Do bis Sa gibt es ab 22:30 Live Musik, ansonsten Discobetrieb. Eintritt US$ 3,50, Happy Hour 20:00-21:30. Neben der Disco gibt es ein nettes Café mit Internetanschluß (etwas teuer) und einem Großbild-TV, auf dem es nachmittags um 16:30 Filmvorführungen gibt. Ein Pizza-Service bringt die Pizza auch bis ins Hotel, ☏ 241979 + ☏ 242703 + ☏ 620891.
- Der Pub **Ukuskus**, Calle Plateros 316, ist etwas alternativer angehaucht. Es gibt viel Live Musik; Happy Hour 20:00-21:30.
- Der **Cross Keys Pub** an der Plaza de Armas, Portal Confiturías 233, und der **Paddy Flahertys Irish Pub** in der Calle Triunfo 124 (Happy Hour 19:00-20:00 + 22:00-22:30), sind sichere Kandidaten für alle Briten, aber auch andere Ausländer und vereinzelte Einheimische fühlen sich dort wohl.
- In der **Keros Café-Bar**, Calle Procuradores 50, 2. Stock, gibt es tagsüber Frühstück und Kuchen, abends Disco. Vom Balkon hat man einen schönen Blick auf die Plaza (Happy Hour 18:00-22:00).
- In der **Norton Rat's Tavern** kann man essen, fernsehen, Musik hören und Zeit beim Darten vertreiben. Calle Loreto 115, 2. Stock, links neben La Compañia, Happy Hour 19:00-21:00 + 23:00-23:30 (Balkon mit Plazablick).
- Im **Tumi's Video Pub**, der dem selben Deutschen gehört wie das Bagdad Café, gibt es drei Großbild-Fernseher und eine Auswahl von über 300 englischen und 150 spanischen Filmen mit englischem Untertiteln, aus denen man sich für US$ 1,60 sein persönliches Kinoprogramm auswählen kann. Außerdem gibt es eine Bar und einen Billardtisch sowie Dartscheiben. Calle Saphi 478, 10:00-24:00.
- Auch im **Café La Tertulia,** Calle Procuradores 44, gibt es abends auf Wunsch Videos auf einem Großbild-TV zu sehen.
- Regelmäßig wird bei Vollmond in Urubamba beim **Camping los Cedros** eine **Full Moon Party** mit Techno und Lagerfeuer veranstaltet. Für den genauen Termin auf Anschläge achten oder bei Tourveranstaltern nachfragen. Tickets in der Bar Los Perros, ☏ 241447.

Peñas gibt es u.a. in den Restaurants

♦ **Los Tomines**, Calle Triunfo 384, ☏ 236671, Show täglich: 20:30-23:30

♦ **El Quijote**, Calle Carmen Kijllu, ☏ 234636.

Apotheke Botica San Judas Tadeo, Calle Plateros 398, Mo-So 8:00-24:00.

Lebensmittel bekommt man entweder auf dem **Mercado Santa Ana** gegenüber der Machu-Picchu-Bahnstation oder in einigen kleinen Supermärkten in der Calle Plateros und der Av. Sol.

♦ **Gatos Market**, Portal Belén 115, Plaza de Armas (Müsli, Milchpulver, Marmelade, Erdnußbutter).

♦ **Multi Market**, Calle Plateros 355, 8:00-2:00 Uhr (Schnellgerichte wie Maccaroni und Käse für die Wanderung).

♦ **Shop Market**, Calle Plateros 352.

La Gran Licoreria, Calle Plateros 392, Mo-So 9:00-3:00 (Wodka, Whisky, Wein, Bier, etc.)

Supermarkt **El Chinito**, Av. Sol 171/Ecke Calle Almagro (Tütengerichte, Kondome, Frischwaren, gute Auswahl).

Nebenan ist der **Fotoladen Superlab**, Av. Sol 170, 1h-Fotoservice, US$ 0,15 pro Foto. In der Av. Sol gibt es eine Reihe von Fotogeschäften, die Filme verkaufen und Bilder entwickeln.

Bücher zu Cusco und Umgebung bekommt man in vielen Souvenirshops rund um die Plaza, bei Straßenhändlern in der Av. Sol oder in der **Feria de Libros**, rechts neben der Kirche La Compañia, Mo-Sa 8:00-13:00 + 15:00-19:00 (Kartenkopien der Stadt und von Machu Picchu).

♦ Einen **Bookexchange** findet man auch im **Café La Tertulia**, Calle Procuradores 44.

☺ Schönen Metall- und Silberschmuck gibt es rund um die Plaza, etwas günstiger aber in Seitenstraßen. z.B. bei **Ccorihuaman**, Calle Procuradores 375, ☏ 239719, FAX 239719. Ebenfalls an der Plaza, werden allerlei Kleidungsstücke aus Wolle, wie **Pullover, Strickjacken** und **Decken** angeboten. Besonders abends setzen sich Händler mit Bergen von Ware unter die Arkaden und warten auf kauffreudige Touristen. Die meisten Sachen sind recht ordentlich und werden zu verhältnismäßig hohen Preisen feilgeboten, die man bei wirklichem Interesse noch durch kräftiges Handeln auf einen angemessenen Preis drücken kann. Es birgt allerdings ein gewisses Risiko, am Abend im Schummerlicht der Plaza einzukaufen, denn oft sieht man erst am nächsten Tag, was man wirklich bekommen hat (... und "handgemacht" ist auch nicht alles).

Cusco ist übersät von Läden die entweder nur **Campingausrüstung** vermieten oder aber Touren auf dem Inka Trail anbieten und im Rahmen dessen Zelte, Schlafsäcke, Rucksäcke, usw. vermieten. Hier ein paar Adressen, an denen man Ausrüstung mieten, teilweise auch kaufen kann.

♦ **Mañay Wasy**, Calle Plateros 328, ☏ + FAX 235680, verkauft und vermietet Ausrüstung.

♦ **Soqllaq'asa Camping Service**, Calle Plateros 359, ☏ 252560 + ☏ 222224, Ankauf-Verkauf-Verleih. Neben den üblichen Verleihartikeln, kann man hier Gaskartuschen und Campingbenzin bekommen. Außerdem werden Mountainbikes, die bei meinem letzten Besuch alle in miesem

Zustand waren, für US$ 10 am Tag vermietet. Der Laden ist einer der wenigen, der auch Einmannzelte vermietet.

- **Wuayra Producciones**, Portal Comercio 181, Plaza de Armas, ☎ 625541. Neben Vermietung werden auch Inka-Trail-Touren und Sightseeing-Trips angeboten.
- **Liz Explorer**, Calle del Medío 114, ☎ 246619. Gaskartuschen (groß, US$ 4), Ausrüstung, Sightseeingtours, Inka Trail, Wäscheservice.
- **Patagonia**, Av. Pardo 1046. Teure, aber sehr hochwertige Bekleidung, wird in einer kleinen Filiale des amerikanischen Bekleidungsherstellers verkauft.

Reisebüros

- Neben Anbietern von Outdoortouren findet man mindestens ebenso viele Reisebüros in den Straßen Cuscos. Die meisten verkaufen Flugtickets und Touren zu den Ruinen und Sehenswürdigkeiten der Umgebung. Bevor man irgendwo bucht, sollte man auf jeden Fall in anderen Büros Preisvergleiche anstellen.
- Typische Tagestouren, die von allen angeboten werden, sind z.B.: Die Ruinentour per Bus von Cusco über Pisac, Urubamba, Ollantaytambo und Chinchero. Abfahrt 9:00, Rückkehr 18:00, Di/Do/So, US$ 9, inkl. Transport und Guide, ohne Eintritt zu den Ruinen (Leute, die kein Spanisch sprechen, informieren sich am besten vorher nach den Sprachkenntnissen des Guides).
- Ebenfalls beliebt ist die Stadttour: La Cathedral, Convento Santo Domingo, Saksayhuaman, Quenko, Puka Pukara, Tambo Machay. Mo-So, Abfahrt 14:00, Ankunft 17:30, US$ 6, inkl. Transport und Guide, Eintritt extra (BT).

Sprachschulen

- Die Schule **Acupari** liegt Tür an Tür mit dem deutschen Konsulat in der Calle San Agustín 307, ☎ + FAX 2335459, <http://www.rcp.net.pe/usr/acupari> <acupari@qenqo.unsaac.edu.pe> Zu buchen in Deutschland bei Anita Djafari, Marienbader Str. 1c, 61273 Wehrheim, ☎ 06081-57922, FAX 06081-980281, <Djafari@t-online.de> Es gibt Einzelunterricht oder Unterricht in Kleingruppen bis 5 Personen für Anfänger und Fortgeschrittene. Der Einzelunterricht mit 15 Stunden pro Woche kostet: 1 Woche US$ 215, 4 Wochen US$ 660, Minigruppen kosten für 2 Wochen (Minimum) US$ 342. Die Schüler können in Familien wohnen, was pro Woche US$ 84 extra kostet.

  Die Schule, die auch Peruanern Deutschunterricht gibt, hilft bei der Vermittlung von einheimischen Konversationspartnern. Im Büro kann unter anderem im "Spiegel" gelesen werden; Mo-Do 17:00-20:00.
- Die zweite empfehlenswerte **Sprachschule** in Cusco ist **Amauta**. Vor einigen Jahren wurde sie von der Holländerin Josi Berendse gegründet. Angeboten wird Einzelunterricht oder Unterricht in Gruppen bis sechs Personen. Je nach Belieben werden entweder allgemeine Spanischkenntnisse vermittelt, es gibt aber auch spezielle Kurse für Südamerikareisende, die bisher kein Spanisch sprechen, aber mehr aus ihrem Urlaub machen wollen. Untergebracht wird man entweder in Gastfamilien oder in einem Wohnheim. Eine Außenstelle der Schule liegt in Urubamba. Kosten: Einzelunterricht pro Woche (tägl. 4 Stunden): US$ 140, Gruppenunterricht: US$ 100, Unterkunft: US$ 40/Woche.

♦ Calle Procuradores 50, ☏ + FAX 241422, PO Box 1164 Cusco, <amautaa@mail.cosapidata.com.pe> Salsa und Flötenkurse gibt es auch für Nichtschüler.

Aktivitäten in und um Cusco

Fahrradausflüge, ob ein- oder mehrtägig, bieten sich im **Heiligen Tal** an. Eine nette Tagestour wäre beispielsweise auch ein Ausflug nach **Pisac**. Hin radelt man, wobei es zunächst ca. 10 km bergauf, dann aber für 25 km bergab geht, und am Nachmittag läßt man sich mit dem Bus bis kurz vor die Abfahrt nach Cusco wieder mitnehmen und zahlt für den Transport nur einen kleinen Aufschlag. Bei Ausflügen mit dem Fahrrad sollte man immer die Straße über Saksayhuaman zurückfahren, weil man sonst im weit entfernten Teil der Stadt landet.

✱ **Bungee Jumping** wird natürlich mittlerweile auch in Peru veranstaltet, aber da es in der Umgebung von Cusco keine hohen Brücken gibt, ist man auf einen Heißluftballon als Absprungbasis ausgewichen. Dieser schwebt über Saksayhuaman und von oben hat man einen herrlichen Blick auf die Stadt. Gesprungen werden kann täglich von 7:00-10:30, später ist es meist zu windig. Entweder man geht ohne Anmeldung hin oder man bucht den Sprung in einem Reisebüro.

♦ ☏ 019-365959. Der Sprung kostet US$ 50, wer nur aufsteigen will, um die Aussicht zu genießen, zahlt US$ 20.

Rafting und **Kajakkurse** auf dem Río Urubamba sowie **Reittouren** in die Umgebung bietet z.B. Eric Adventures an. Die Raftingtouren dauern einen ganzen Tag lang und kosten US$ 35, die Kajakkurse sind meist dreitägig und beginnen mit dem Erlernen der Eskimo-Rolle in einem Pool am ersten Tag, darauf folgen Fahrten in verschiedenen Schwierigkeitsgraden am zweiten und dritten Tag (Kosten: US$ 40/Tag). Die Reittouren dauern normalerweise einige Stunden und führen zu den Ruinen in der Umgebung.

♦ Eric Adventures, Calle Plateros 324, ☏ + FAX 228475, <ericadv@net.cosapidata.com.pe> <http://cuscoonline.com/ericadv>

✱ **Rafting** auf dem **Apurimac River** wird u.a. angeboten von Instinct, einem der renommiertesten und sichersten Anbieter der Stadt. Die Saison geht von Mai bis Oktober, die Trips dauern insgesamt vier Tage, wobei am ersten Tag auf dem Río Urubamba trainiert wird, und man dann erst zum Dreitagestrip auf den Apurimac startet, der bis Wildwasser V alles bietet. Wer's kann, darf auch im Kajak fahren, Instinct hilft bei der Ausrüstungsbeschaffung.

♦ Instinct, Calle Procuradores 50, ☏ 238366, ☏ + FAX 233451, US$ 230, <instinct@chavin.rcp.net.pe> <http://www.rcp.net.pe/instinct>

- ♦ Auch sehr gut ist **Mayuc** (erste Rafting Company Perus) an der Plaza, Portal Confituras 211, ☏ 232666. Die Preise liegen hier bei etwa US$ 250 für drei Tage auf dem Apurimac, die Leistungen sind ungefähr identisch.

☝ Vor allem bei Raftingtouren auf extremen Gewässern sollte man sich davor hüten, irgendeinem Billiganbieter auf den Leim zu gehen oder zu niedrige Preise auszuhandeln. Denn die Sicherheit hängt sehr stark auch von der Ausrüstung ab, die bei Dumpingpreisen nicht gewartet werden kann und selten ausgebessert wird, weil die Gewinne dafür zu gering sind.

Ausflüge/Aktivitäten in und um Cusco

Im Umkreis von weniger als 10 km von Cusco gibt es vier Ruinen, die von vielen Reisenden in einem Tagesausflug besucht werden. Es handelt sich um Saksayhuaman, Tambo Machay, Puka Pukara und Qenko, die allesamt auf dem Weg zwischen Cusco und Pisac liegen. Um sie zu besichtigen, bucht man entweder eine Tour bei einem Reisebüro oder man nimmt einen Bus mit dem Ziel Pisac und steigt in Tambo Machay aus. Von dort sind es etwa 10 km zu Fuß zurück zum Nabel der Welt, auf dem Weg liegen die übrigen drei Ziele.

Ein Fußmarsch ist besonders für Inka-Trail-Anwärter ein guter Konditionstest und für die Akklimatisierung sehr empfehlenswert. Natürlich kann man das Ganze auch per Fahrrad machen, das man sich in der Stadt mieten kann.

Wer das *Boleto Turístico (BT)* erworben hat, hat überall freien Eintritt.

Saksayhuaman

ist die größte Sehenswürdigkeit in der direkten Umgebung Cuscos. Die mächtige Ruinenanlage dehnt sich auf rund 2,5 ha aus und liegt auf einem Felsen unmittelbar über der Stadt. Auf einem 30minütigen Fußmarsch, beginnend von der Plaza de las Nazarenas, ist sie leicht zu erreichen. Von der Plaza folgt man der Calle Pumacurco, an deren Ende eine lange Treppe wartet, die zu den Ruinen hinaufführt.

Nur noch rund 20% von der einstigen Anlage Saksayhuamans (das viele lieber "sexy woman" nennen, was man sich auch leichter merken kann) ist der Nachwelt erhalten geblieben, doch auch diese Reste sind imposant.

Nachdem man sein Ticket hat entwerten lassen, kommt man zuerst auf einen riesigen freien Platz, die sogenannte *Explanada*. Rechts wird sie von drei rund 500 m langen, in einer Zickzack-Welle verlaufenden Steinmauern begrenzt - Angreifer hatten so den Nachteil, daß eine ihrer

Seiten immer ungeschützt war. Terrassenförmig sind sie übereinander angeordnet und waren so ein uneinnehmbares Bollwerk.

Auf unglaubliche Art und Weise sind hier gigantische Steinblöcke praktisch fugenlos aneinander angepaßt worden. Die beiden untersten Mauern sind jeweils etwa 10 m, die oberste 5 m hoch. Der größte Stein hat Abmessungen von 9 x 5 x 4 m und wiegt schätzungsweise 350 t.

Wie die Arbeiter (rund 30.000 Indios arbeiteten fast 70 Jahre an Saksayhuaman) die Steine transportierten und übereinandertürmten, ist noch heute ein Rätsel. Die Mauern dienten damals nicht nur als Schutz gegen Feinde, sondern auch als eine Tribüne, auf der Tausende Menschen Platz fanden, wenn auf der *Explanada* Paraden, Zeremonien und andere Veranstaltungen stattfanden. Heute bekommt man diese Funktion besonders beim Inti-Raymi, dem Fest der Wintersonnenwende am 24. Juni, veranschaulicht, wenn sich Zuschauer aus Cusco und Umgebung und Touristen aus der ganzen Welt auf den Rängen drängen und dem bunten Treiben auf dem Platz zuschauen.

Oberhalb der Mauern befinden sich die Überreste von drei Türmen, von denen der größte einen Durchmesser von fast 30 m hatte. Sie dienten entweder als Wehrtürme oder Unterkunft oder als Wasser- und Getreidespeicher. Von hier soll es einst einen Fluchttunnel gegeben haben, der den Sonnentempel Qoricancha und Saksayhuaman verband.

Gegenüber, auf der anderen Seite der *Explanada*, sieht man einen großen kuppelförmigen Felsen, den *Rodadero*. In den Stein sind mehrere perfekte Sitzmulden gehauen. Einerseits wird vermutet, daß der Inkaherrscher von hier aus den Bau überwacht hat, woher auch der oft zu hörende Name "Thron des Inka" rührt. Andererseits geht man aber davon aus, daß Inkamumien in diese Nischen gesetzt wurden, um religiösen Zeremonien beizuwohnen. Der Stein ist an vielen Stellen völlig glatt poliert, so daß ihn heute Kinder als Rutschbahn benutzen. Andere lassen auf der *Explanada* ihre selbst gebastelten Drachen steigen.

Der Bau der Festung wurde vom Inka Pachacútec begonnen, und von seinem Sohn und Enkel zu Ende geführt. Als 1533 die Spanier eintrafen, war die Anlage noch vollkommen intakt. Zwei Jahre lang lebten sie dort ungestört, wurden aber 1536 vom rebellierenden Manco Inka, den sie als Herrscher ohne Macht eingesetzt hatten um das Volk zu beruhigen, nach einem kurzen Kampf vertrieben.

Manco Inka richtete sich in der Festung ein und belagerte Cusco. Als sein Sieg schon zum Greifen nah war, brach Juan Pizarro in einer letzten Kraftanstrengung mit einem kleinen Trupp von mutigen Männer aus. Einen großen Bogen beschreibend näherte er sich Saksayhuaman von hinten und griff an.

Die wohl blutigste Schlacht zwischen den Inka und den Konquistadoren überhaupt brach aus, und als die Spanier letztlich siegreich aus ihr hervorgingen, war Saksayhuaman mit Tausenden von Leichen übersät.

Nicht lange danach begann die Zerstörung der Festung. Bis in die Anfänge des 20. Jh. diente es praktisch als öffentlicher Steinbruch, aus dem die Spanier und später viele Bewohner Cuscos Steine für den Häuserbau holten. Nur die mächtigen Mauern, die man auch heute noch sieht, konnten dieser Schändung widerstehen. Erst 1934 wurde mit Ausgrabungen begonnen und der Stellenwert Saksayhuamans in der Welt der Inkas erkannt.

War anfangs noch vermutet worden, daß es sich allein um eine Festungsanlage handelte, sprachen spätere Entdeckungen und Funde, wie die von einer Gruppe Mumien im Jahre 1982, dafür, daß es sich bei Saksayhuaman auch um eine Tempelanlage handelte. In dieses Schema würde auch die populäre Meinung passen, daß die im Zickzack verlaufenden Mauern eine Huldigung an den Gott der Blitze darstellen.

♦ Täglich 7:00-18:00 (BT).

Tambo Machay

Rund 300 m läuft man von der Straße, bis man die recht kleine Ruine (BT) erreicht. Die Reste der einstigen Tempelanlage liegen in vier Terrassen an einem Hügel, Wasser fließt in zwei Stufen über die Steinwälle in ein Becken.

Über den Sinn dieses Baus ist man sich nicht ganz einig: es könnte ein normales Bad für Nachrichten überbringende Staffelläufer oder aber ein heiliges Bad der Inkaherrscher für zeremonielle Reinigungen gewesen sein. Aus diesem Grund wird es auch oft gern als Inkabad bezeichnet

Ein großes Rätsel ist immer noch, woher genau das Wasser stammt, das die Mauern mit ihren trapezförmigen Nischen und Öffnungen (ein Markenzeichen der Inka und ein Grund für die Erdbebensicherheit vieler Gebäude) verläßt. Selbst aus Europa und den USA angereiste Ingenieure konnten diese Frage nicht lösen. Sie schütteten sogar Farbe in eine höher gelegene Lagune, doch auch das brachte nicht das gewünschte Ergebnis; das Wasser hat einen anderen (geheimnisvollen) Ursprung.

Puka Pukara

Diese ebenfalls nicht sehr großen Ruinen (BT) liegen nur wenige hundert Meter von Tambo Machay entfernt in Richtung Cusco am linken Straßenrand. Wahrscheinlich war Puka Pukara (was übersetzt soviel wie Rote Festung bedeutet) ein Rasthaus sowie ein Kontroll- und Schutzposten für den Zugang zum Urubamba Tal, das nicht weit entfernt liegt.

Qenko

war eine der Anlagen (BT), die Archäologen lange Zeit Rätsel aufgegeben hat. Ein Platz ist angeordnet wie ein kleines Amphitheater, in dessen Mitte ein riesiger Felsen liegt, der einst die Form eines Pumas hatte. Die Zerstörungswut der Konquistadoren hat leider nur der Rumpf überstanden. In den Fels sind verschiedene Treppen und Rinnen eingemeißelt worden. Letztere ziehen sich im Zickzack durch den Stein und dienten zur Aufnahme von Opfergaben wie Maisbier (*Chicha*), möglicherweise auch von Blut.

Aus ihrer Anordnung leitet sich der Name Qenko ab, der "das Gewundene" bedeutet. Der Felsblock formt eine Höhle, durch die man durch einen sehr schmalen Einstieg (ein Sinnbild für den Eingang zur Unterwelt) gelangt. In ihrer Mitte befindet sich ein exakt behauener Altar, auf dem Verstorbene Inkas einbalsamiert wurden, worauf einige Werkzeugfunde dort unten schließen lassen.

Aguas Calientes

Der kleine Ort mit knapp über 1.000 Einwohnern liegt im Tal des Río Urubamba nur wenige Kilometer von Machu Picchu entfernt. Wer die Ruinenstadt besuchen will, muß von Cusco per Bahn anreisen und in Aguas Calientes in einen Bus umsteigen, der dem Tal noch rund 2 km folgt und dann den Serpentinenanstieg zum Bergsattel beginnt, auf dem die sagenumwobene Stadt liegt.

Zwar gibt es auch eine Bahnstation direkt am Fuße von Machu Picchu (Station Puentes Ruinas), doch ist es nicht sicher, daß sie auch in Zukunft angefahren wird. Nach verheerenden Regenfällen 1998, ausgelöst durch das Wetterphänomen El Niño, wurden Schienen der weiteren Strecke nach Quillabamba (das am Ende der Bahnlinie liegt), unterspült und waren noch im Oktober '98 unpassierbar. Aus diesem Grund ist die momentane Endstation Aguas Calientes. Da die halbe Zugflotte in Quillabamba gefangen ist, gibt es zur Zeit auch täglich nur einen Lokalzug und einen *Tren de Turismo*, der mit Cusco verbindet.

Bekannt ist der Ort vor allem für seine namensgebenden heißen Quellen (= *aguas calientes*). Sie liegen etwas oberhalb des Dorfes und sind in einem 15minütigen Fußmarsch zu erreichen. Vom Bahnhof geht man zur Plaza Manco Capac, auf der man sich nach rechts wendet und der Av. Pachacutec leicht bergauf folgt. Die Bäder sind keinesfalls so schmutzig, wie immer behauptet wird, und besonders nach der Wanderung auf dem Inka Trail ist es ein Genuß, sich ins warme Wasser zu legen und bei einem Drink und guter Musik zu entspannen.

♦ Baños, täglich 5:00-20:30, Handtücher und Badesachen können geliehen werden. Eintritt US$ 1,60.

Unterkunft

Da das Hotel *Machu Picchu Ruinas* (☞ Machu Picchu) direkt vor den Toren der Ruinenstadt vielen zu teuer ist, übernachten Besucher, die entweder über den Inka Trail gekommen sind oder denen eine der üblichen Eintagestouren aus Cusco zu kurz ist, in Aguas Calientes. Das Angebot an Hotelbetten ist entsprechend groß. Die Unterkünfte liegen am Bahnhof, um die Plaza und entlang der Av. Pachacutec, die zu den Baños führt.

- **Hostal Qoñi (Gringo Bill's)**, heiße Duschen, US$ 7/Person in Mehrbettzimmern, US$ 20 im DZ.
- **Hotel Machu Picchu Inn**, ehemalige staatliche Jugendherberge, jetzt privatisiert. Hat über 200 Betten und ist somit fast nie komplett ausgebucht, ab US$ 11/Person.
- **Hostal La Cabaña** und **Hostal Ima Sumac** liegen auf dem Weg zu den heißen Quellen, preiswert.
- **Hostal Indio Feliz**, eines der jüngsten Hotels im Ort, in der Nähe der Plaza.

Entlang der Bahnhofsgleise drängen sich unzählige **Restaurants**, die ausgehungerten Inka-Trail-Bezwingern Pizza, Pasta und verschiedene landestypische Sachen anbieten. Andere Restaurants liegen an der Av. Pachacutec.

Im gesamten Ort sind die Preise extrem hoch, was wohl an der Nähe zu Machu Picchu und den vielen Ausflüglern liegt, die hier Tag für Tag eintreffen und abfahren. Selbst in Cusco kann man günstiger essen.

... **nach Machu Picchu**: Um zum Bus zu kommen, läuft man aus dem Bahnhof die Gleise entlang zurück bis zur Brücke, wo man sich nach rechts wendet. Nur wenige hundert Meter weiter erreicht man auf dieser Piste die Bushaltestelle. Die Busse fahren von 6:30 bis 11:30 mindestens einmal die Stunde ab und benötigen rund 30 Minuten. Die einfache Fahrt kostet US$ 3, Fahrscheine gibt's bei der Abfahrt vor dem Bus.

... **zurück nach Cusco**: Kommt man nur per Bahn oder mit dem Hubschrauber (☞ unten). Sobald der Lokalzug, mit dem die meisten Wanderer zurück nach Cusco fahren, in den Bahnhof rollt, beginnt ein wahnsinniger Tumult. Alles stürmt die Waggons, um irgendwie mitzukommen und am besten auch noch einen Sitzplatz zu ergattern. Zwar kann man Sitzplatztickets kaufen (US$ 5, Stehplatz US$ 3,50), doch wenn sich die Passagiere wie Ölsardinen in der Büchse drängeln, ist es sehr schwer, ihn tatsächlich auch zu erreichen. Es gibt zwar Gepäckablagen, doch die sind schon mit wenigen Rucksäcken voll und normalerweise muß man die Packs zwischen den Beinen oder auf dem Schoß halten. Auf der Fahrt nach Cusco hat man den besten Ausblick auf der rechten Seite, weil dort der Fluß liegt und das Tal etwas offener ist.

Da die Fahrt anfangs etwas unbequem ist, musizierende Kinder herumlärmen, Frauen mit Bauchläden durch die Waggons stürmen und das Diebstahlrisiko im Gedrängel auch recht hoch ist, verlassen viele organisierte Gruppen den Zug bei der ersten Möglichkeit in Ollantaytambo, um von dort per Bus nach Cusco zu fahren. Das geht zwar etwas schneller, ist aber mit viel Hektik beim Umsteigen verbunden. Unorganisierte Einzelwanderer, die

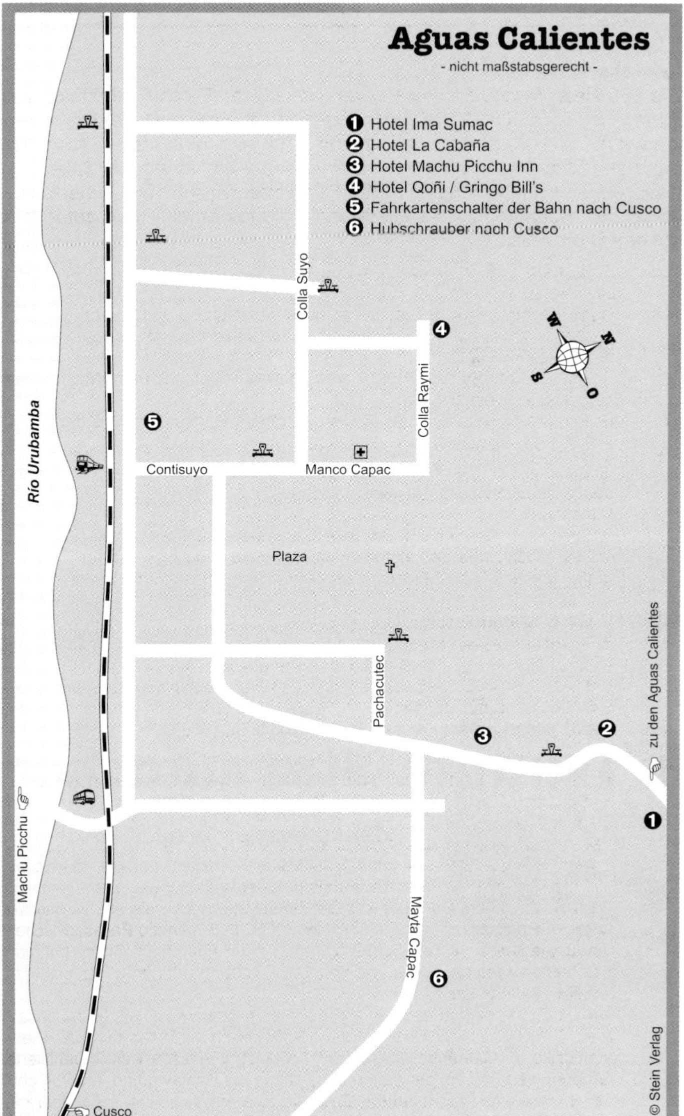
Aguas Calientes
- nicht maßstabsgerecht -
❶ Hotel Ima Sumac
❷ Hotel La Cabaña
❸ Hotel Machu Picchu Inn
❹ Hotel Qoñi / Gringo Bill's
❺ Fahrkartenschalter der Bahn nach Cusco
❻ Hubschrauber nach Cusco
Río Urubamba
Colla Suyo
Colla Raymi
Contisuyo
Manco Capac
Plaza
Pachacutec
Mayta Capac
zu den Aguas Calientes
Machu Picchu
Cusco
W
N
S
O
© Stein Verlag

nicht schnell genug bei den Bussen sind, können sogar großes Pech haben, und nicht mehr mitkommen. Wir sind im Zug geblieben und hatten eine angenehme Weiterfahrt bis ans Ziel. Denn wenn die Hälfte aller Passagiere verschwindet, ist im Zug viel Platz.

Vom Bahnhof in Cusco sollte man immer ein Taxi zurück zum Hotel nehmen, da die Gegend besonders in der Dunkelheit unsicher ist.

Wer etwas mehr Geld in der Brieftasche hat und noch einmal den Urwald aus der Vogelperspektive sehen will, kann im Hubschrauber zurück nach Cusco fliegen. Abflug vom Sportplatz an der Hängebrücke im Ostteil von Aguas Calientes täglich 15:30, Flugzeit: 25 Minuten, US$ 80. Wer den Flug direkt in Aguas Calientes buchen will, findet das Büro von *HeliCusco* am Bahnhof. Wer in Reisebüros in Cusco Hin- und Rückflug zusammen bucht, zahlt "nur" US$ 150.

Valle Sagrado de los Incas

Unweit von Cusco liegt das fruchtbare **"Heilige Tal der Inkas"**, durch das sich der Río Urubamba schlängelt. Zwischen Ollantaytambo im Westen und Pisac im Osten reihen sich unzählige, wunderschöne Überbleibsel aus der Zeit der Inkas aneinander. Noch heute wird auf den vielen Terrassen, die an den Hängen im Tal kleben, Ackerbau betrieben. Das milde Klima und der Fluß schaffen beste Voraussetzungen dafür.

Chinchero

Auf 3.762 m Höhe liegt Chinchero 28 km nordwestlich von Cusco. Besucht wird der stille, unscheinbare Ort hauptsächlich sonntags wegen seines Marktes. Um den Hauptplatz zu betreten, auf dem der Markt stattfindet, benötigt man das *Boleto Turístico (BT)*.

Der Marktplatz wird zur einen Seite von einer Inkamauer begrenzt, die zehn große, trapezförmige Nischen aufweist. Zur anderen Seite thront etwas oberhalb die schlichte Dorfkirche aus dem 17. Jahrhundert. Der Markt, der früher ein reiner Tauschmarkt war (auch heute tauschen Campesinos teilweise noch untereinander, Touristen müssen natürlich mit Bargeld zahlen), ist in zwei Bereiche unterteilt. Auf dem

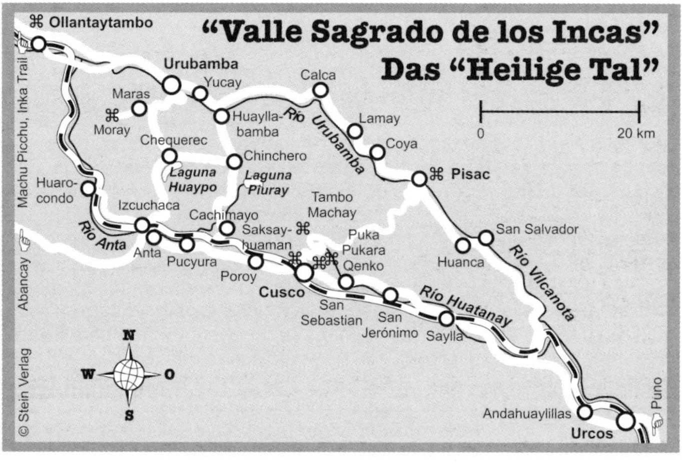

einen werden nur Lebensmittel verkauft, auf dem anderen werden vor allem Handarbeiten und Souvenirs angeboten.

Unterhalb des Dorfplatzes sind Inkaterrassen freigelegt worden. Wahrscheinlich gehören sie zum einstigen Palast des Inka Túpac Yupanqui. Läuft man nach rechts weiter bis zum Ende der Terrassen, kann man einen Blick auf einen schneebedeckten Gipfel werfen.

Wer keine Tour bei einem Reisebüro bucht und auf eigene Faust nach Chinchero fahren will, nimmt frühmorgens einen Bus vom Terminal in der Calle Intiqhawarina/Ecke Calle Tullumayo in Cusco (US$ 0,80).
Um von Chinchero weiter nach Urubamba oder Ollantaytambo zu kommen, muß man es entweder per Anhalter versuchen oder einen vorbeifahrenden Bus anhalten.

Moray/Salinas

Wer Moray, das Landwirtschaftszentrum der Inkas sowie die sehr sehenswerten Salzterrassen in der Nähe besichtigen will, muß von Chinchero an der Laguna Huaypo vorbei in Richtung Urubamba fahren. Von der Straße zweigen die Wege zu beiden Zielen ab.

Moray

Von der Straßenabzweigung nach Maras sind es noch ungefähr 13 km bis Moray, die man wahrscheinlich zu Fuß laufen muß, wenn man keine Tour gebucht hat, denn hier ist es kaum möglich, per Anhalter zu fahren. In Maras, das man nach 3 km erreicht, Einheimische nach dem weiteren Weg fragen.

Moray besteht aus einem großen Kessel mit genaugenommen drei trichterförmigen Vertiefungen, deren Seitenwände aus Terrassen bestehen, die sich in Ringen nach unten hin immer weiter verjüngen. Neben diesen Terrassen findet man Reste von Bewässerungskanälen. Niemand vermag hundertprozentig zu sagen, welche Bedeutung die Anlage gehabt hat. Eine häufig vertretene Theorie geht davon aus, daß es sich bei Moray um eine Art Agrarforschungszentrum handelte, in dem die Inkas testeten, unter welchen Bedingungen ihr Getreide am besten wachsen würde. Denn es ist wahrscheinlich, daß auf den verschiedenen Terrassenlagen unterschiedliche Mikroklimate herrschten.

Dem widersprechen andere Archäologen und vertreten die Meinung, daß es sich vielleicht um eine Kultstätte handelt. Mit Phantasie wird man sich selbst die schönsten Erklärungen geben können und manch einer mag an eine Einrichtung von Außerirdischen denken.

♦ Eintritt US$ 1,60.

Detailansicht in der Ruine von Saksayhuaman ☞

Salinas

Es gibt einen Weg, der Moray ziemlich direkt mit den Salzterrassen verbindet, doch sollte man wirklich wissen wo es lang geht. Vielleicht können Arbeiter in Moray den Weg weisen. Eine andere Möglichkeit, die Salzterrassen zu erreichen, besteht von der Straße, die Ollantaytambo und Urubamba verbindet.

6 km westlich von Urubamba kommt man in das kleine Dorf Tarabamba. Hier muß man den Río Urubamba auf einer Brücke überqueren und den Weg nach rechts einschlagen. Nach einem kleinen Stück erreicht man einen Friedhof und wendet sich dort nach links. Der Pfad schlängelt sich nun rund 3 km steil bergan und plötzlich steht man am Fuße der Salinas.

Eine kleine Quelle am oberen Rand des Talkessels speist hunderte kleiner, am Hang klebender Terrassen mit stark salzhaltigem Wasser. In den Becken wird das Wasser gefangen, bei der Verdunstung entsteht das Salz. Überall sieht man Männer, Frauen und Kinder bei der Arbeit, doch inmitten dieser Anlage erscheinen sie winzig klein. Einen besonders schönen Ausblick hat man von der Schotterpiste, die sich am anderen Talhang nach oben zieht.

♦ Eintritt US$ 1, wird nicht immer eingesammelt.

Ollantaytambo

19 km westlich von Urubamba liegt am Ende des Valle Sagrado Ollantaytambo. Hinter der Plaza und den kleinen Häusern und schmalen Gassen des Ortes steigt eine imposante Ruinenanlage in mächtigen Terrassentreppen an und schmiegt sich an den dahinter liegenden Berghang. Zu Zeiten der Inkas war Ollantaytambo eine wichtige Festungs- und Tempelanlage, vor allem wegen ihrer Positionierung im Urubambatal. Denn von der Felskuppe, an der die Bastion erbaut wurde, hatte man einen guten Überblick über das gesamte Tal, das sich von dieser Stelle an in Richtung Machu Picchu allmählich verjüngt. Der Weg nach Cusco konnte so gut bewacht und notfalls mit Gewalt blockiert werden.

1460 begann der Herrscher Pachacútec mit dem Bau von Ollantaytambo, doch als die Spanier eintrafen, war es noch immer nicht fertiggestellt. Das bezeugen heute vor allem die über 50 Felsblöcke, die im Tal verstreut liegen und nie ihren Bestimmungsort erreichten. Ein Berghang am gegenüberliegenden Ufer des Río Urubamba diente als Steinbruch. Von dort wurden riesige, bis zu 50 t schwere Felsblöcke unter der Anstrengung von mehreren tausend Mann über eine Distanz von 6 km zum Bau herangeschafft und der Fluß kurzerhand umgeleitet.

Auch innerhalb der Anlage sieht man Unvollendetes. Am berühmtesten ist dabei eine Mauer des Haupttempels, bestehend aus sechs eng aneinander gefügten Megalithen, ein jeder zwischen drei und vier Metern hoch. Um dieses Kunstwerk aus der Nähe betrachten und den Ausblick von oben genießen zu können, liegen über 200 Stufen einer steilen Treppe vor einem.

Am Fuß der Anlage, vom Eingang aus rechts gesehen, befindet sich das **Baño de la Ñusta**, das Bad der Prinzessin. Wasser fließt aus einer schön gearbeiteten Felsplatte ab. Der Name hat wahrscheinlich wenig mit der einstigen Bedeutung zu tun, vielmehr scheint es sich hier um eine Stätte zu handeln, an der einem Wasserkult gehuldigt wurde.

Wurde früher behauptet, daß es sich bei Ollantaytambo allein um eine militärische Festung handele, ist man sich heute sicher, daß es ebenso ein wichtiger religiöser Tempel war. Denn während die Körper verstorbener Inkas in Cusco im Sonnentempel blieben, wurden ihre Herzen hier verwahrt.

Nachdem im Jahre 1536 der aufständische Inka Manco (☞ Saksayhuaman) den Spaniern in der Schlacht von Saksayhuaman unterlegen war, zog er sich nach Ollantaytambo zurück. Hernando Pizarro verfolgte ihn mit einem großen Heer, doch unter einem Hagel von Steinen, Pfeilen und Speeren war es ihm unmöglich, die Terrassen zu stürmen. Zuletzt griff Manco zu einer höchst wirkungsvollen Waffe und flutete das Gelände unterhalb seiner Burg. Pizarro blieb keine andere Wahl: er mußte sich geschlagen geben und den Rückzug antreten. Als er es wenig später ein zweites Mal, diesmal aber mit viermal soviel Männern versuchte, fiel Ollantaytambo und Manco mußte sich nach Vilcabamba, einer Inkastadt im Urwald zurückziehen.

☺ Wer gern fotografieren möchte, sollte schon früh morgens hier sein, da die Ruinen nachmittags im Schatten liegen.

- Ruinen, täglich 7:00-18:00 (BT).
- ♦ Rund um die Plaza gibt es einige Restaurants und günstige Unterkünfte; die Busse nach Urubamba und Cusco fahren ebenfalls von dort ab.

Pisac

Der Ort Pisac und seine Ruinen, etwa 30 km von Cusco entfernt, sind für mich das interessanteste Ausflugsziel im Urubamba Tal. Man kann entweder eine Tour mit einem Reisebüro in Cusco hierher buchen, wobei man allerdings nicht sehr viel Zeit für den Ort hat, weil meist noch andere Ziele im Tal besucht werden oder man fährt auf eigene Faust und mit öffentlichen Verkehrsmitteln her.

Farbenfrohe Webarbeit

Sehr nett ist es auch, eine Nacht in Pisac zu verbringen und so die späten Nachmittags- und frühen Morgenstunden im Ort verbringen zu können, wenn nur wenige *Gringos* durch die Straßen laufen. Für den Markt und einen Ruinenbesuch zu Fuß sollte man einen ganzen Tag einplanen, um sich nicht hetzen zu müssen.

Der Markt

Die Busse halten direkt hinter der Brücke über den Río Urubamba (auch Río Vilcanota genannt). Von dort läuft man kurz geradeaus, biegt dann nach rechts ab und wendet sich sofort wieder nach links in die Kopfsteinpflastergasse Calle Bolognesi. Diese führt bis zur kleinen Plaza de Armas, an der sich auch die Dorfkirche befindet. Auf dem Platz findet sonntags (Di und Do in etwas kleinerer Ausführung) ein Markt statt, der neben den Ruinen die zweite Attraktion des Ortes darstellt.

Von vielen ist zu hören, daß dieses der wohl schönste Markt ganz Perus sein soll; ich bin mir angesichts der vielen Touristen hier nicht ganz sicher. Am frühen Vormittag beginnen sich ganze Busladungen von ihnen über den Markt zu schieben und die Einheimischen sind in der Hauptsaison schon mal in der Minderzahl.

Wirklich interessant ist der Markt in den frühen Morgenstunden gegen 6:00, wenn Campesinos aus der Umgebung ihre Waren heranfahren und die Stände aufzubauen beginnen. Auf dem Platz gibt es viele kleine Garküchen, Obst und Gemüse, Fisch und Fleisch. In einem großen Bereich werden allein Handarbeiten (*artesanias*) verkauft. Viele Händler sind in Wirklichkeit aus Cusco, und die Preise sind hier keineswegs günstiger als dort. Weitere Kunstläden gibt es in der Calle Bolognesi.

Wenn am Sonntag gegen elf Uhr die Kirchenandacht vorüber ist, sind neben den vielen Menschen in ihren bunten Trachten besonders die aus der Kirche kommenden Bürgermeister der Region schön anzusehen. Sie sind in ihrer besten Robe unterwegs und haben silberne Gehstöcke dabei. Ein Junge begleitet sie und bläst auf einer Muschel dumpfe Töne, damit ihnen der Weg freigemacht wird.

Die Ruinen

Außerhalb der Markttage gibt es nicht viel zu tun im Ort, man kann relaxen, ein Buch lesen oder versuchen, mit Dorfbewohnern ins

Blick auf Pisac und den Rio Urubamba

Gespräch zu kommen. Dann sind da natürlich noch die Ruinen, die jeden Tag geöffnet sind, aber montags, mittwochs, freitags und samstags weniger besucht werden, weil viele Touren die Ruinen zusammen mit einem Marktbesuch "abhaken". Die Ruinen, die erst 1934 freigelegt wurden, sind auf zwei Wegen erreichbar:

✱ Entweder man besteigt einen Minibus, der in einem weiten Bogen von hinten an die historische Stätte heranfährt und sich ihrem Zentrum bis auf einen Kilometer nähert. Die Busse findet man, wenn man vom Kopfende der Plaza de Armas, neben der Kirche, die Gasse nach rechts bis zu ihrem Ende läuft (US$ 2,50, Abfahrt regelmäßig, wenn die Busse voll sind).

✱ Oder man wählt die sportliche Variante und nimmt den Fußweg, der direkt links von der Kirche an der Plaza beginnt und nach einem sanften Wegstück bald heftig ansteigt. Bevor es so richtig losgeht, muß an einem Wachhäuschen das *Boleto Turístico* vorgezeigt werden.

Der Weg teilt sich von Zeit zu Zeit, doch man kommt eigentlich überall zum Ziel. Am besten hält man sich an die am meisten ausgetretene Spur. Eineinhalb bis zwei Stunden benötigt man für den Anstieg über die vielen Terrassen. Hier wurde nach einem ausgeklügelten Bewässerungssystem vor allem Mais angebaut, weiter oben auch Kartoffeln und Quinoa, ein kleines Inkagetreide. Auch heute werden einige Terrassen noch genutzt. Vielfach sind keine Treppenstufen in die Terrassen gebaut, um ein Wegschwemmen der Erde zu verhindern. Statt dessen ragen aus den Mauern einzelne Steine hervor.

Noch bevor das eigentliche Zentrum der Anlage erreicht wird, kommt man an mehreren verfallenen Inkagebäuden und Mauerresten vorbei, die direkt am Abhang rund 300 m über dem Tal hängen. Der Ausblick ist sagenhaft und reicht weit über das Urubamba Tal - hier trifft man glücklicherweise nur wenige Touristen. Man sieht auch gut, daß der Fluß im Bereich des Dorfes auf über 3 km begradigt wurde, um eine Bewässerung der Felder zu gewährleisten.

Von hier geht es noch etwas weiter nach oben, bis man das eigentliche Zentrum der Ruinenanlage erreicht. Diese ist zum einen an der Anhäufung von Gemäuerresten, zum anderen an den Menschentrauben zu erkennen, die sich um ihre Führer scharen. Pisac war eine sehr wichtige Stadt für die Inkas und kam in ihrer Bedeutung gleich nach Cusco.

Auf dem Bergsattel, der zu drei Seiten von steilen Berghängen umgeben ist, gab es nicht nur Festungs- und Tempelanlagen, sondern viele andere Einrichtungen einer richtigen Stadt. Ein Paß in der Nähe, über den ein Weg letztendlich in den Dschungel führt, konnte von Pisac aus kontrolliert werden, was ein wichtiger Schutz für den "Nabel der Erde", Cusco, war.

Busse nach Pisac starten in Cusco in der Av. Tullomayo (US$ 0,50). In Pisac fahren die Busse an der Brücke über den Río Urubamba ab.

Essen kann man entweder bei einer der Garküchen auf dem Markt oder in einem der Restaurants entlang der Av. Amazonas, z.B. im Restaurant Valle Sagrado, Av. Amazonas 116, ☏ 2030009. Abgesehen vom Tagesgericht sind die Preise nicht so günstig, doch das Essen ist gut.

Das nette **Hotel Pisac** liegt direkt an der Plaza, ☏ 203062, Postadresse in Cusco: Casilla postal 1179, Correo Central, Cusco. Gemütlich eingerichtet, es gibt auf Wunsch leckeres Essen und eine Sauna. EZ US$ 10, EZB US$ 13, DZ US$ 20, DZB US$ 26, Frühstück US$ 3.

Urubamba

Obwohl die Stadt den Namen des gesamten Tals trägt, hat sie nicht sehr viel zu bieten. Umgeben von Berghängen, die viele kleine

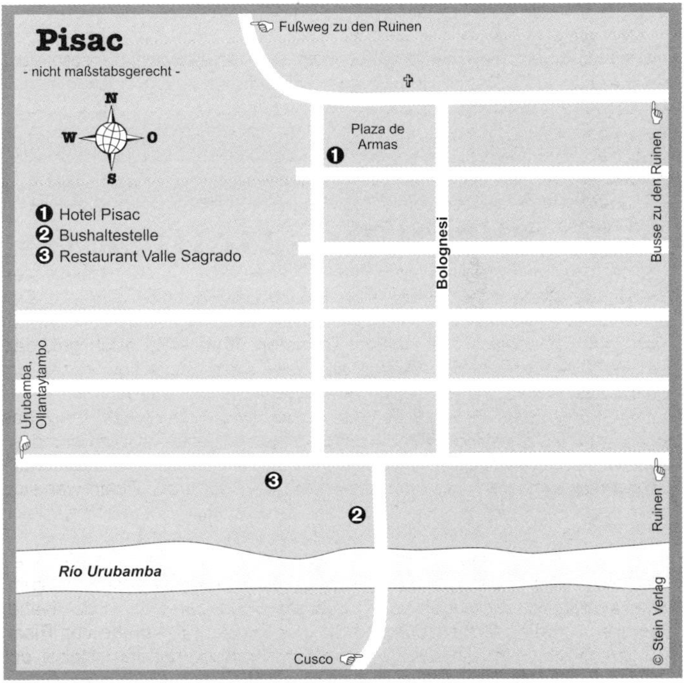

Wanderungen erlauben, ist Urubamba eher geeignet zum Ausspannen und um das Tal von einem zentralen Punkt aus zu erkunden. Pisac ist knapp 50 km entfernt, Ollantaytambo 19 km und Cusco rund 60 km.

Da der Ort ein Verkehrsknotenpunkt ist und man z.B. auf dem Weg von Ollantaytambo nach Cusco hier oft umsteigen muß, bietet sich ein kleiner Spaziergang durch die staubigen Gassen an, in denen man nur selten auf andere Touristen trifft. Auf der Plaza findet man einen Springbrunnen, dessen Spitze von einem Maiskolben geziert wird.

Übernachten kann man z.B. im **Hotel San Augustín Turquesa** (EZ US$ 35, DZ US$ 50) am Ortsende in Richtung Yucay, das einen Swimmingpool hat und bei Rundreisegruppen fürs Lunch oder Übernachtungen beliebt ist oder im **Hostal Urubamba** (US$ 4 p.P.) in Zentrumsnähe.

Essen kann man im **Hotel San Augstín Turquesa**, **Quinta Los Geranios** oder im **El Maizal**.

In der Nähe der Tankstelle an der Hauptstraße gibt es ein Postamt und die Bank. Busse nach Cusco kosten 1,50 Soles.

Inka Trail

Die folgenden Kilometerangaben sind ungefähre Zahlen. Da es in der gesamten Literatur, auf Karten und in den Broschüren aller Inka Trail-Veranstalter in Cusco jeweils verschiedene Entfernungsangaben gibt, stellt die Tabelle lediglich einen Anhaltspunkt dar. Im Text habe ich zur besseren Entfernungseinschätzung zusätzlich Zeitangaben gemacht, die sich auf das Tempo eines Wanderers mit einer durchschnittlichen Kondition beziehen, der sein eigenes Gepäck trägt.

Chilca (km 77)	km 0
km 82	km 5
Wayllabamba	km 17
Tres Piedras	km 20
Llulluchapampa	km 23
Warmiwañusqa-Paß	km 26
Pacaymayu	km 29
Runkuraqay-Paß	km 32
Sayacmarca	km 34
Phuyupatamarca	km 39
Wiñay Wayna	km 45
Intipunku	km 50
Machu Picchu	km 52

Wartende Campesinas am Bahnhof von Chilca (km 77)

Die Tourbeschreibung beginnt am frühest möglichen Startpunkt, in Chilca, am "km 77" der Bahnlinie Cusco - Aguas Calientes. Daneben stehen noch zwei andere Startpunkte zur Auswahl, nämlich der "km 82" und der "km 88" (☞ Anreise zum Trail).

Chilca (km 77) - km 82 (5 km)

"Neugierig werden wir von Teilnehmern der organisierten Tour aus dem Bus betrachtet, als uns Carlos die verstaubten Rucksäcke in Chilca vom Dach reicht. Nur wir zwei verlassen die Gruppe an dieser Stelle, denn wir haben lediglich den Transport hierher bezahlt und werden nun auf eigene Faust weiter bis nach Machu Picchu wandern.

Chilca ist ein wirklich verlassenes Nest. Nur zweimal am Tag hält hier der Bummelzug, der zwischen Cusco und Aguas Calientes pendelt, selbst die Busse brausen meist ohne einen Stop hindurch. Eine kleine Gruppe von Campesinas hockt auf den Schienen am verlassenen Bahnhof. Vor einer Stunde haben sie ihre Waren im Zug angeboten, jetzt scheint die Zeit für sie stillzustehen."

Es gibt drei Wege, die von **Chilca** zum km 88 führen, wo für die meisten organisierten Gruppentouren der Trail an einer Hängebrücke beginnt.

Entweder, man läuft die 5 km auf den Schienen, wobei man den wilden **Río Urubamba** nah begleitet und etwas auf den seltenen Zugverkehr achten muß oder man bleibt ebenfalls auf der rechten Flußseite und geht die Straße entlang durch kleine Ortschaften und an Feldern vorbei. Als dritte Variante bleibt, den Fluß noch in Chilca auf einer kleinen Brücke nahe des Bahnhofs zu überqueren und am anderen Ufer auf einem schmalen Pfad zu laufen, der etwas auf und ab führt und schon auf den Rest des Inka Trails einstimmt.

Da wir gern sehen wollen, wie die Menschen hier leben und wir in den nächsten Tagen noch viel Natur erleben werden, nehmen wir nicht den sicherlich schönen Weg auf der linken Flußseite, sondern wählen die Straße. Vom Bahnhof aus läuft man etwa fünf Minuten links neben den Schienen her, dann überquert man sie und nimmt Kurs auf das türkis strahlende Schulgebäude von Chilca, das auf einer kleinen Anhöhe rechts am Weg liegt. Nach dem kurzen Anstieg geht es an einigen Adobehäusern vorbei. Adobe sind luftgetrocknete Lehmziegel, die überall in Peru als Baumaterial verwendet werden.

Das letzte Haus auf der linken Seite wird von einem *Cusqueña*-Bierschild verziert. Dort bekommt man *Chicha* (Maisbier) und vielleicht Orangen.

Nachdem man Chilca verlassen hat, läuft man auf einer Schotterpiste weiter in Richtung Westen durch das Tal. Am Straßenrand wachsen Kakteen und mächtige Agaven. Rechts liegen grüne Felder, die dank des Río Urubamba bewässert werden können, dahinter steigen braungraue Berge an.

Hinter der ersten Bergkette ragen eisverzierte 5.000er in den Himmel, allen voran der **Veronica** mit 5.850 m Höhe. Links sind der Fluß und die Schienen aus dem Blickfeld verschwunden und ein karger Berghang steigt am gegenüberliegenden Ufer unvermittelt an. Ein Eukalyptuswäldchen raschelt dort im Wind und wird vom Rauschen des Baches unterstützt.

Eine erste Erfrischung gibt es nach gut 20 Minuten in einem kleinen Häuschen auf der linken Straßenseite zu kaufen, das mit einem blauen *Cusqueña*-Schild verziert ist. Außer einigen Flaschen Cola und Fanta gibt es aber ansonsten nichts.

Zwischen den kleinen Siedlungen und einzelnen Häusern entlang des Weges begegnet man immer wieder Campesinos, die auf dem Weg zur Feldarbeit sind oder Waren auf dem Rücken von Eseln und Maultieren zum Markt nach Ollantaytambo bringen. Hühner, Schweine und Kinder laufen umher, ganze Familien arbeiten gebückt auf den Feldern. Dünne Rauchsäulen steigen aus den Hütten auf.

Mehrere kleine Läden mit geringem Angebot folgen an beiden Straßenseiten. Zu erkennen sind sie an den bunten Reklametafeln vor den grauen Wänden.

"Vor mehreren Häusern stecken lange Stangen im Boden oder in Mauern. Ihre Enden sind mit roten oder blauen Plastiktüten umwickelt. Wir können uns keinen Reim darauf machen und fragen einen älteren Mann, der am Straßenrand sitzt und gerade dabei ist, sich seine Füße in einem Bewässerungskanal zu waschen. "Da bekommt ihr überall Chicha", erklärte er uns. "Ist echt lecker"."

Der Fluß ist zwar nicht mehr zu sehen, dafür aber sehr gut zu hören. Inzwischen ist er zu einem eindrucksvollen Wildfluß angeschwollen. Einen ersten Blick auf ihn gibt es von einer Stelle, an der die Straße einen 90°-Knick nach rechts vollzieht, ein kurzes Stück in Richtung der Felder verläuft und dort einen Bach überquert. Von hier hat man eine fantastische Sicht auf die Felder, die ersten braunen Berge und die grandiosen, alles überragenden Gletscher. Dort ändert die Piste allerdings sofort wieder ihre Richtung um 180° und führt zurück zum Río Urubamba.

Dort, wo sie mit einem letzten Knick wieder auf Westkurs gebracht wird, gibt es einen kleinen Friedhof. Die Gräber sind nicht in den Boden eingelassen, sondern bestehen aus kleinen, aber bunten Steinsärgen über dem trockenen Grund. An den Kreuzen hängen Girlanden und verstaubte Plastikblumen. Eine Kaktushecke umgrenzt den Friedhof.

Weiter führt der Weg an einigen Häusern entlang und rechts eröffnen sich immer schönere Blicke auf den Veronica. Von Zeit zu Zeit ist der Río Urubamba zu sehen, wie er schäumend durch die kleine Schlucht fließt. Rechts entlang der Straße strömt Wasser durch einen Bewässerungskanal.

Nach rund fünfzig Minuten fällt die Straße leicht ab und trifft am km 81 wieder auf die Schienen. Hier kann man sich entscheiden, ob man den letzten Kilometer doch noch auf den Schienen geht, die ziemlich direkt zum Ziel laufen oder den Weg nimmt, der noch einmal leicht bergan führt, einen Rechtsbogen beschreibt und kurz vor dem Bahnhof wieder abfällt.

Etwa eine Stunde ist man von Chilca bis zum Bahnhof am **km 82** unterwegs, wo die meisten Gruppen ihre Tour beginnen. Hier unten am Wasser kann man gut eine kleine Pause einlegen.

In mehreren Buden gibt es kühle Getränke und Snacks.

km 82 - Wayllabamba (12 km)

Vom Bahnhof geht es noch ein kleines Stück weiter entlang der Schienen, dann hinab zu einer schönen Hängebrücke. Nach der Überquerung des Río Urubamba trifft man am anderen Ufer auf den von Chilca kommenden Pfad. Dort geht es rechts herum und die erste Steigung beginnt. Eng am Hang führt der Weg steil, erst auf losem Geröll, und dann einige feste Stufen hinauf, doch schon nach wenigen Metern ist dieser erste Konditionstest vorbei und man befindet sich auf einer kleinen Hochebene.

Links ragen schroffe Berge in den Himmel, rechts fällt nach einigen Metern das Plateau steil ab zum Fluß, der unten rauscht. Agaven, Kakteen und Dornensträucher wachsen auf dem trockenen Boden. Ein strahlender Kontrast zu der farblosen Fläche hier, ist das gegenüberliegende Ufer, an dem über der dicht am Wasser verlaufenden Bahnlinie grüne Felder leuchten.

"Der Weg durch die wild anmutende Szenerie ist gut zu laufen. Irgendwo in den Dornen meckern Ziegen, die Hirten können nicht weit sein, bleiben für uns aber unsichtbar. Vor, zurück und nach rechts -

wohin wir auch blicken - sehen wir schneebedeckte Fünftausender, die im Dunst des Mittags aber in ihrer Macht und Ausstrahlung etwas verlieren. Angeblich werden in diesem Jahr schon früher als sonst üblich Wälder abgefackelt, um neue Flächen für die Landwirtschaft zu bekommen. Der dabei entstehende Dunst trübt den sonst oft stahlblauen Himmel.

Ein paar Minuten später treten wir aus den Büschen auf eine kleine Lichtung und sind ziemlich überrascht. Vor einigen Strohhütten und einem kleinen Kiosk lagert eine große Wandergruppe, die von ihren Köchen Tee und einen Snack serviert bekommen. Wir wollen lieber in Ruhe pausieren und laufen noch ein Stück weiter."

Nach 20 Minuten hinter der Hängebrücke überquert man einen kleinen Bach, der von links auf den Urubamba zuströmt. Es ist kein Problem, sich aus Bächen wie diesem Trinkwasser abzufüllen, wenn man es mit einem Mittel behandelt (☞ Trinkwasser).

Fünf Minuten später führt der Weg um eine kleine Biegung und man steht vor dem Kiosk (s.o.) und etwas Schatten spendenden

Hängebrücke über den Rio Urubamba am km 82

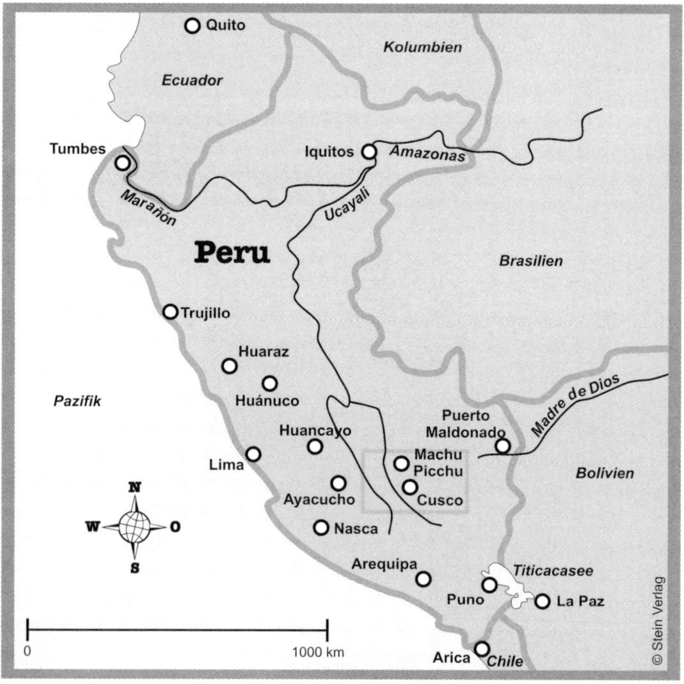
Quito
Kolumbien
Ecuador
Tumbes
Iquitos
Amazonas
Marañon
Ucayali
Peru
Brasilien
Trujillo
Huaraz
Huánuco
Pazifik
Madre de Dios
Puerto
Maldonado
Huancayo
Lima
Machu
Picchu
Bolivien
Cusco
Ayacucho
N
W
O
S
Nasca
Arequipa
Titicacasee
Puno
La Paz
0
1000 km
Arica
Chile
© Stein Verlag

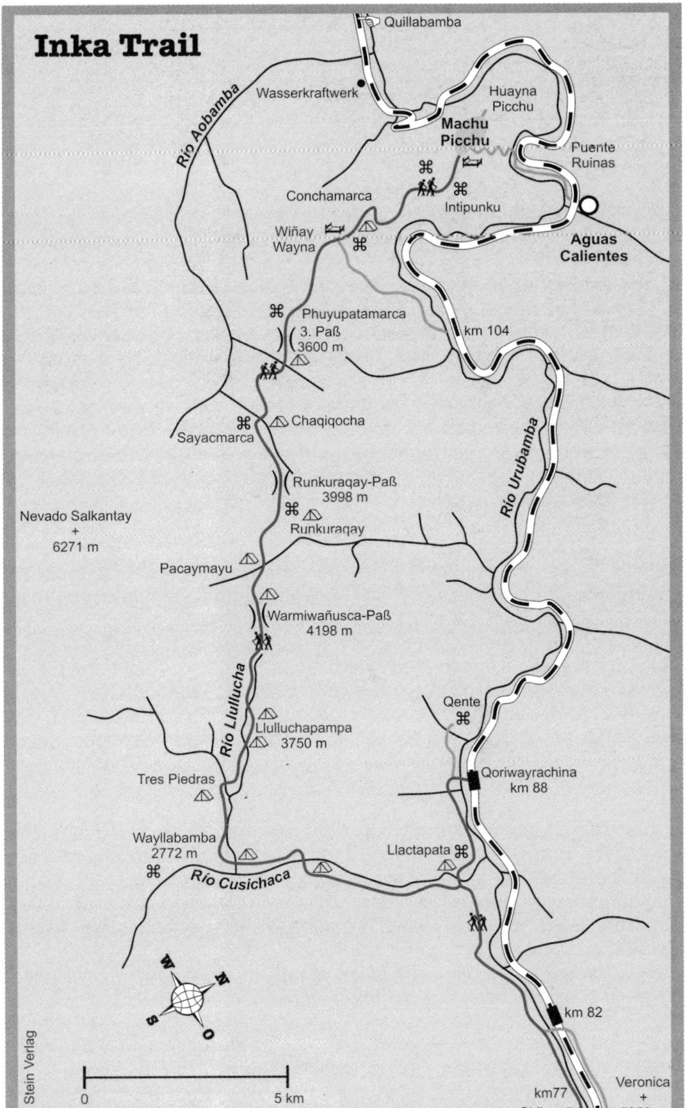

Inka Trail
Quillabamba
Wasserkraftwerk
Río Aobamba
Huayna Picchu
Machu Picchu
Puente Ruinas
Conchamarca
Intipunku
Aguas Calientes
Wiñay Wayna
Phuyupatamarca
3. Paß 3600 m
km 104
Chaqiqocha
Sayacmarca
Runkuraqay-Paß 3998 m
Río Urubamba
Nevado Salkantay + 6271 m
Runkuraqay
Pacaymayu
Warmiwañusca-Paß 4198 m
Río Llullucha
Qente
Llulluchapampa 3750 m
Tres Piedras
Qoriwayrachina km 88
Wayllabamba 2772 m
Llactapata
Río Cusichaca
W
N
S
O
km 82
0
5 km
km77
Chilca
Veronica + 5850 m
© Stein Verlag

Strohdächern. Viele Gruppen machen hier ihre Mittagspause, doch auch Einzelwanderer sind willkommen.

Von nun an geht es für eine ganze Zeit direkt unter Strommasten entlang, was nicht besonders attraktiv ist, aber schnell wieder vorbei geht.

Rund einen halben Kilometer hinter dem Kiosk befindet sich rechts eine kleine freie Fläche, auf der zwei Zelte Platz finden.

Ein zweiter, aber kleinerer Friedhof liegt kurz danach auf der linken Wegseite. Allerdings sind hier die Totenstätten anders hergerichtet: es gibt keine Steinkammern über der Erde, die Gräber liegen unterirdisch und werden lediglich von einer Steinbegrenzung eingefaßt.

Nach noch einmal fünf Minuten wandert man an mehreren Terrassen vorbei, die rechts etwas unterhalb des Weges liegen. Solange sie nicht bebaut werden, kann man dort gut zelten. Den Weg hinunter versucht man am besten am Anfang zu finden, da die Büsche am Trail später immer dichter werden.

Kurz vor Erreichen des nächsten Strommastes muß man ein zwei bis drei Meter breites, im Winter normalerweise trockenes Flußbett überqueren. Im Sommer und nach heftigen Regenfällen bekommt man beim Passieren dieser Stelle eventuell nasse Füße.

Eine halbe Stunde nach dem ersten Kiosk erreicht man eine zweite Häuseransammlung. In einer Hütte ist ebenfalls ein Kiosk untergebracht, es werden Getränke verkauft. Oft werden Wanderer hier von Kindern angebettelt, doch man sollte ihrem Drängen nicht nachgeben. Allenfalls Dinge wie ein Stück Brot, eine Banane oder Orange helfen ihnen wirklich.

Der Río Urubamba knickt hier leicht nach rechts weg und läßt den Pfad von nun an allein. Dieser schlängelt sich stetig ansteigend eng am linken Berghang entlang. Rechts geht es steil hinab.

Zehn Minuten geht es auf diesem immer schmaler werdenden Weg vorwärts, dann biegt er links um eine Felsnase und steigt einen Berghang hinauf.

Rechts geht es nun nicht mehr abrupt in die Tiefe, es wachsen vielmehr einige Büsche, die Schatten spenden.

Am Ende dieses Anstiegs verkaufen Einheimische an einer strategisch sehr günstigen Stelle gekühlte Getränke.

Nicht viel weiter und man erreicht den Mittelpunkt des kleinen Dorfes **Miscay**, wo man Schweinen beim Faulenzen zusehen kann und wo einige Wandergruppen ihre Mittagspause einlegen. Der Trail führt genau zwischen zwei Häusern hindurch. Dahinter sieht man keinen Erdboden mehr - ein Abgrund beginnt nach wenigen Metern, der von einem Bach über 50 m tief in das Land gegraben wurde.

Der Weg macht einen scharfen Knick nach rechts und fällt steil ab. Etwa zehn Minuten muß man vorsichtig absteigen und aufpassen, daß man nicht auf losen Steinen ausrutscht. Wanderstöcke sind hier sehr hilfreich. Unten angekommen überquert man den Bach auf einer kleinen Holzbrücke.

Man kann kurz den Kopf in die erfrischenden Fluten halten und seine Wasserflaschen auffüllen oder aber gleich sein Nachtlager auf einem kleinen Platz direkt rechts hinter der Brücke aufschlagen. Drei Zelte finden hier Platz, es gibt einen Mülleimer.

Wer an dieser Stelle nicht übernachtet und noch weiter will, für den beginnt sofort ein steiler Aufstieg, allerdings ist er nur halb so lang wie der Weg nach unten.

Schon nach fünf Minuten erreicht man eine Hochebene auf der man nach 50 m an eine erste freie Fläche für bis zu drei Zelte kommt. Es gibt noch mehrere Stellen auf dem nächsten Stück, doch ist es ziemlich steinig und zwei Hochspannungsleitungen verunstalten die Umgebung.

Der Pfad teilt sich bald, und man sollte den linken Weg einschlagen, um direkt zu einem schönen Aussichtspunkt zu kommen. Von dort eröffnet sich ein weiter Blick über das Tal des Río Urubamba und zu den nahe gelegenen Ruinen von **Llactapata**. Auf einigen Terrassen der historischen Anlage wird noch heute Mais und anderes Getreide angepflanzt.

5 km ist man vom km 82 bis hierher gelaufen, bis zum häufig benutzten Camp von Wayllabamba sind es noch einmal 7 km. Kurz und steil geht es bergab, hinunter ins Tal des **Río Cusichaca**, wo sofort der stetige Anstieg bis in das Dorf beginnt.

Wanderer, die die Tour klassisch vom Bahnhof in **Qoriwayrachina** am **km 88** beginnen, treffen in diesem Bereich auf den Trail nach Machu Picchu. Wer am Bahnhof startet, überquert erst auf einer Brücke den Río Urubamba, dann geht es links herum und durch einen kleinen Eukalyptuswald leicht bergauf.

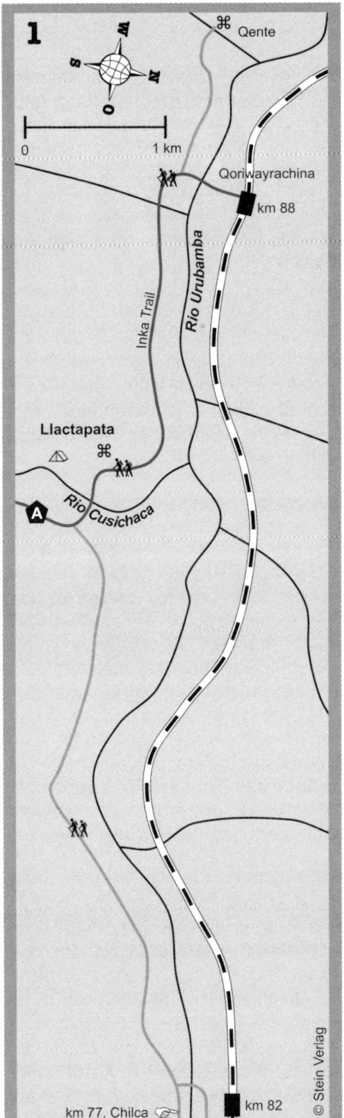
1
S
W
N
O
0
1 km
Qente
Qoriwayrachina
km 88
Inka Trail
Río Urubamba
Llactapata
A
Río Cusichaca
km 77, Chilca
km 82
© Stein Verlag

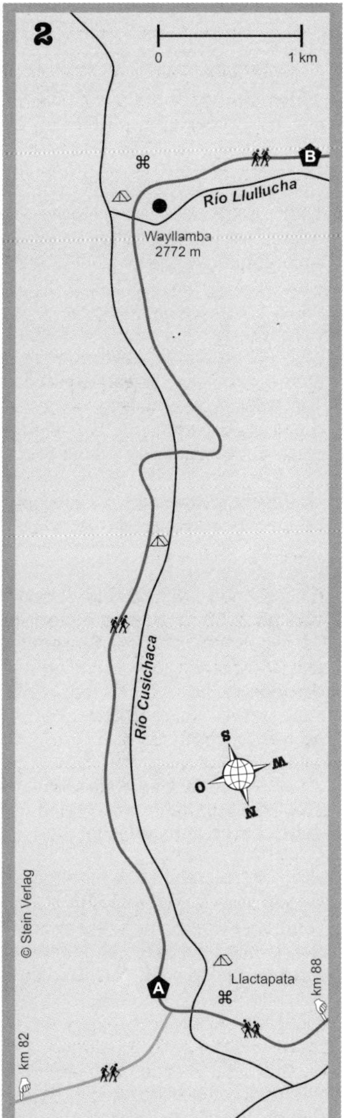
2
0
1 km
B
Río Llullucha
Wayllamba
2772 m
Río Cusichaca
S
W
O
N
© Stein Verlag
A
Llactapata
km 88
km 82

Unterhalb der Ruinen von Llactapata läuft man weiter bis zur Mündung in den Weg, der von km 82 kommt. Rund eine halbe Stunde ist man bis dorthin unterwegs.

⌘ Nachdem man die Brücke überquert hat, kann man entweder links zum Trail gehen oder sich nach rechts wenden, wo man nach nur 1 km die Ruinen von **Qente** erreicht. Kaum jemand macht diesen Abstecher und so hat man es dort, beim "Kolibri", wie der Name der Anlage übersetzt wird, meist recht einsam.

Nach Vereinigung der beiden Trails führt ein schmaler, sandiger Weg das Tal des Río Cusichaca hinauf in Richtung Süden. Es geht auf eine kleine Anhöhe, von der man einen Trampelpfad nach rechts zu einem schönen Aussichtspunkt nehmen kann. Blickt man zurück ins Tal, sieht man dort eine kleine Ansiedlung, hinter der manche Wandergruppen, die vom km 77 loslaufen, ihr erstes Nachlager aufschlagen. Auch Einzelwanderer finden dort sicherlich einen Platz.

Weiter geht es durch das enge, zu beiden Seiten von steilen Berghängen bewachte Tal, über das sich schon früh am Nachmittag der Schatten legt. Nach zehn Minuten erreicht man die Stelle, an der die **Eintrittskarten** für den Inka Trail und Machu Picchu bezahlt werden müssen (US$ 17 kostete das kombinierte Ticket 1998). Einige Kinder verkaufen an dieser Stelle Getränke.

Zehn Minuten nach Verlassen des Kontrollpunktes passiert man eine kleine Brücke und läßt sie rechts liegen. Am gegenüberliegenden Ufer stehen einige Häuser, links gibt es eine freie Fläche auf der gezeltet werden kann.

Der Weg folgt dem Verlauf des Baches und es beginnt eine konstante Steigung, die am ersten Paß enden wird. Am linken Ufer entlang geht's durch üppige Vegetation, es riecht nach Pflanzen und Wasser.

40 Gehminuten hinter dem Kontrollpunkt wird rechts eine freie Fläche zum Zelten erreicht.

Nach weiteren 15 Minuten erreicht man eine Hütte, vor der verwitterte Fanta- und Cola-Schilder eines Kiosks um Kunden werben. Kurz dahinter findet man eine weitere Wiese zum Zelten, auf der auch Mülleimer stehen.

Fünf Minuten später wird der Bach auf einer alten Holzbrücke überquert. Am rechten Ufer führt der Weg für kurze Zeit steil bergan zu einem kleinen Kiosk. Verdursten kann man auf dieser Etappe also

Kurz vor der Paßhöhe des 4.189 m hohen Warmiwañusca Passes

bestimmt nicht. Ein zweiter Kiosk folgt wenig später. Hier kann man auch seine Trinkflaschen aus einem Wasserhahn auffüllen. Das Wasser aber trotzdem filtern oder entkeimen!

Noch etwa eineinhalb Stunden geht es leicht ansteigend weiter bis nach Wayllabamba. Der Bach liegt nun weit entfernt links am Talrand, karge Felder haben sich zwischen ihn und den Weg geschoben; Büsche säumen den Wegesrand.

In **Wayllabamba**, das am Zusammenfluß des Río Cusichaca mit dem Río Llullucha entstanden ist, besteht für Einzelwanderer zunächst das Problem, einen Platz fürs Zelt zu finden. Da das Dorf völlig von Gruppentouren eingenommen wird, die an verschiedenen Stellen ihre Stammplätze haben, muß man mit dem Vorlieb nehmen, was übrig bleibt.

Einen schönen Platz für Einzelwanderer findet man am oberen Ende des Dorfes, dort wo der Trail eigentlich schon wieder beginnt. Auf einer netten Wiese trifft man dort möglicherweise auch auf andere Wanderer, die ohne eine große Gruppe unterwegs sind.

Da das Dorf sich voll auf den Inka Trail-Tourismus eingestellt hat, gibt es an verschiedenen Stellen Getränke von Wasser über Cola zu Sprite und Bier zu kaufen.

Wayllabamba - Pacaymayu (12 km)

"Die Stelle, an der wir unsere Zelte aufschlagen, ist nicht besonders romantisch. Am unteren Dorfende hinter den letzten Hütten haben wir noch Platz gefunden. Müll fliegt herum, Hunde streunen umher und versuchen, uns unser Abendessen abzujagen.

Als ich schon im Zelt liege, beginnt es hinter der dünnen Stoffwand laut zu werden. Männer rufen, ein Bulle trampelt vorbei. Das mächtige Tier ist ihnen ausgerissen und soll nun vor der Tür meiner Nylonhütte wieder eingefangen werden. Doch ich habe Glück und mein Zelt steht auch noch, als der Spuk vorbei ist.

Verschlafen kann man in Wayllabamba auf keinen Fall: Ab halb fünf versammeln sich schätzungsweise 50 Hunde und ebenso viele Hähne und bellen, jaulen und krähen quer durch den Ort um die Wette. An Schlaf ist nicht mehr zu denken. Doch so kommen wir zu einem frühen Frühstück und einem zeitigem Start. "

⌘ Die unscheinbaren Ruinen von Wayllabamba liegen etwas oberhalb im Dorf und fallen kaum auf. Sie bildeten einst das landwirtschaftliche, wie auch religiöse Zentrum für die in der Umgebung lebende Bevölkerung. Kaum ein Wanderer besucht die Ruinen, da man meist erst später am Abend hier eintrifft, auf dem Durchmarsch zum Paß ist oder früh morgens zum langen Anstieg starten will. Angesichts der vielen, weitaus imposanteren Ruinen, die noch warten, ist dies kein sehr großer Frevel.

Die folgende Etappe ist die anstrengendste des gesamten Inka Trails und so sollte so früh wie möglich gestartet werden. Zunächst geht der Weg noch ein Stück zwischen den Adobehäusern von Wayllabamba hindurch aufwärts, doch bald hat man auch die letzten Hütten hinter sich gelassen.

Im Tal des **Río Llullucha** beginnt der Anstieg zum ersten und zugleich höchsten Paß des Trips, dem Warmiwañusca Paß. Vom Dorf, auf 2.772 m Höhe gelegen, geht es viele Stunden bergauf bis zum Sattel auf 4.198 m.

Sofort beginnen einige Serpentinen, dann geht es geradeaus stetig weiter bergauf. Man sollte es auf dem ersten Stück ruhig angehen lassen und seine Kraft gut einteilen.

Nach 20 Minuten passiert man ein Haus, vor dem Hähne und Puter umherstolzieren und Trompetenbäume wachsen. Einige Rinder weiden in der Umgebung, auf terrassierten Feldern wird versucht, das beste aus dem Boden herauszuholen.

An einem kleinen Bach entlang geht es weiter. In regelmäßigen Abständen trifft man ihn wieder und kann so gut seine Wasservorräte auffüllen.

Begenet man auf diesem Abschnitt Campesinos, so werden sie sich bestimmt als Träger bis zur Paßhöhe anbieten. Jeder muß für sich entscheiden, ob er die sportliche Herausforderung sucht oder den Weg mehr genießen möchte. Die US$ 8, die verlangt werden, sind aber sicher nicht schlecht angelegt (schon in Wayllabamba kann man versuchen, einen Träger für den Aufstieg anzuwerben).

Dann überquert man den Bach, läuft noch fünf Minuten an einem freiliegenden Hang entlang und erreicht den Zeltplatz **Tres Piedras** am Ufer eines munter sprudelnden Flüßchens.

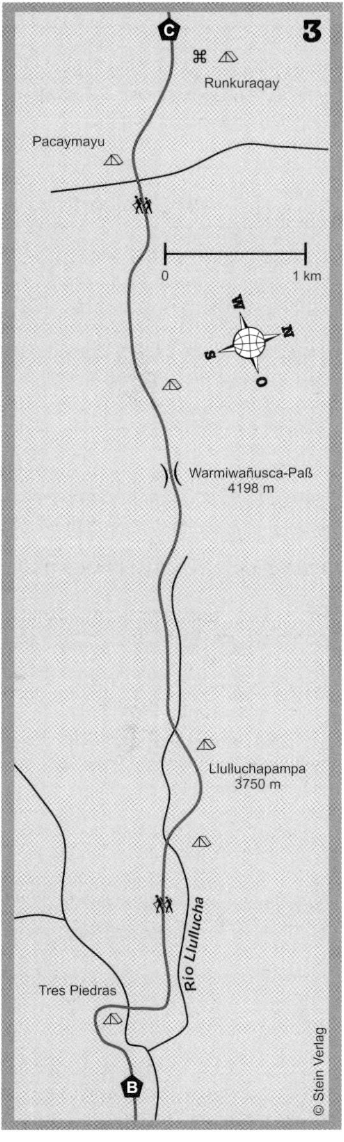

Auf einer großen Wiese ist hier genug Platz für Gruppen und Einzelwanderer. In vielen Büchern liest man davon, daß dieser Platz sehr unsicher sei, weil das Rauschen des nahen Baches alle Geräusche von Dieben übertönen würde. Doch in Wirklichkeit ist schon seit langer Zeit nichts mehr passiert und man ist hier so sicher wie auch an anderen Stellen, sofern man seine Sachen mit ins Zelt nimmt. Frauen und Kinder verkaufen Getränke und Schokoriegel.

Am oberen Ende der Wiese überspannt eine kleine Holzbrücke den Bach, an dem man gut seine Wasservorräte aufstocken kann. Direkt hinter der Brücke führt der Weg scharf nach rechts und weiterhin bergauf.

Es geht zunächst in einem Linksbogen um eine Bergflanke herum und man passiert noch einmal einige freie Stellen für Zelte, direkt vor mehreren Hütten. Dort fragen, falls man hier übernachten und den wunderschönen Ausblick ins Tal genießen will.

Noch einmal fünf Minuten weiter erreicht man einen Aussichtspunkt an dem bis zu drei Zelte Platz finden. Die Stelle ist wirklich klasse, nur muß man das Wasser vom Bach mit hinaufbringen. Selbst einen Mülleimer gibt es hier oben.

Hinter dem Aussichtspunkt teilt sich der Pfad kurz, vereint sich aber wenig später wieder. Rechts geht man den direkten Weg. Im immer enger werdenden Tal des Rio Llulluchac geht es nun weiter steil bergauf. Blickt man nach oben, sieht man den Verlauf des Trails, der wenig ermunternd ist.

Für ein Stück ist der Weg recht exponiert und auf Abschnitten von losem Geröll übersät, immer wieder aber verschwindet er unter einem dichten und Schatten spendenden Blätterdach, ganz wie es auf der gegenüberliegenden Talseite der Fall ist.

Eine halbe Stunde hinter Tres Piedras betritt man zum ersten Mal ein Waldstück, das wie ein Märchenwald anmutet. Große Bäume beugen sich über den Weg, Moos bedeckt die Stämme, Lianen hängen herunter. Rechts, am Fuße einer Böschung strömt ein Bach, Farne wachsen an seinem Ufer.

Nur ein paar Minuten später verläuft der Trail erneut durch einen ähnlichen Waldabschnitt. Am Fuße der Böschung befindet sich am Bach eine kleine freie Stelle, an der ein Zelt aufgebaut werden kann.

Fliegen und Mücken surren umher, Schmetterlinge flattern durch die Gegend und Kolibris saugen Nektar aus Blütenkelchen. Dunkelrote Blüten hängen kopfüber von den Felsen, Wasser tropft von Steinblöcken und wo sie eine Lücke im Blätterdach finden können schießen Sonnenstrahlen durch den Wald. Schaut man zurück, sieht man von manchen Punkten noch immer den schneebedeckten Bergriesen Veronica.

Abstieg vom Warmiwañusca-Paß nach Pacaymayu

Dann beginnen erste gepflasterte Wegabschnitte, die später auch mit Steinstufen versehen sind, die bis Machu Picchu regelmäßig vorkommen werden. In Serpentinen zickzackt sich der Weg immer höher.

⛺ Etwa eineinhalb Stunden hinter Tres Piedras erreicht man den nächsten Lagerplatz an der rechten Seite. Es gibt Mülleimer und der Bach fließt direkt hinter der Wiese vorbei, auf der auch größere Gruppen Platz finden.

Nur einige hundert Meter hinter diesem Campingplatz verläßt man den Wald und läuft unter freiem Himmel weiter. Noch 20 Minuten weiter und man erreicht eine Art Zwischenpaß bei **Llulluchapampa**. Wer die Wanderung bei km 88 beginnt, kann am ersten Tag bis etwa hierher laufen und hat somit am nächsten Morgen gute Reserven für das letzte Stück zum **Warmiwañusca-Paß**.

⛺ Hier ist auf mehreren Wiesen viel Platz zum Campen, es gibt ein Toilettenhäuschen, Wasser und Mülleimer. Da sich der Platz schon auf 3.750 m Höhe befindet, kann es nachts jedoch ziemlich kalt werden.

Zwar ist die Entfernung zum Paß in der Luftlinie gemessen nicht mehr sehr weit, doch ist man noch fast zwei Stunden unterwegs, bis man endlich oben steht. Den Weg hinauf und den höchsten Punkt kann man von Llulluchapampa aus gut sehen. Spätestens an dieser Stelle wird sich manch einer wünschen, er hätte unterwegs einen Träger genommen.

Während die Ebene von **Llulluchapampa** noch ein ganzes Stück in einen Talkessel hineinreicht, in dem Schafe weiden und an dessen Ende eine kleine Hütte steht, beginnt der Trail sofort am linken Hang anzusteigen. Von unten leuchtet das Gras noch grün herauf, an den Hängen wachsen nur gelbes Ichugras und vereinzelte Agaven. Viele Träger, die Touristen bis zur Paßhöhe begleitet haben, kommen heruntergerannt, und man hat eine letzte Chance, sie anzuheuern und sich so seiner Last zu entledigen.

Während der linke Hang zum Grat hin eher runder zusammenläuft, rahmen rechts schroffe, spitz zulaufende Felswände das Tal ein. Wolken zerfetzen an den Gipfelzacken, ein wenig erinnern sie an die Dolomiten, nur erscheint hier alles noch viel lebensfeindlicher.

" In Llulluchapampa hatte ich noch einmal den Rucksack abgesetzt, die Füße in einem glasklaren Bach abgekühlt und mich für eine Weile in der Sonne ausgestreckt. Der Drang, endlich aufzubrechen und den Paß anzugehen, war wahrhaftig nicht sehr groß gewesen. Jetzt bin ich schon eine ganze Weile unterwegs und es scheint mir, als würde die Entfernung bis zum Sattel immer größer werden. Mein Atem geht kürzer, die Höhe macht sich bemerkbar, der Rucksack drückt und scheint noch schwerer.

Ein Träger mit kleiner Statur, aber mit mächtig breiten Schultern ausgestattet, kommt mir in alten Sandalen im Laufschritt entgegen und fragt mich nach meinem Befinden. Wahrscheinlich zeigt mein Gesicht die Anstrengung nur zu deutlich und er erhofft sich ein gutes Geschäft. Doch dankend lehne ich sein Angebot ab, meinen Rucksack bis nach oben zu übernehmen. "Aah, un hombre muy fuerte", ("ein starker Mann") lobt er mich noch und verschwindet wieder."

Nach etwa der Hälfte der Strecke zum Paß wird aus dem normalen Weg ein typischer Inkapfad. Pflastersteine liegen dicht an dicht, Stufen erschweren den Anstieg. Denn leider sind sie bei der Wieder-instandsetzung des Inka Trails nicht originalgetreu eingesetzt und viel zu hoch gebaut worden. Das kostet nun extrem viel Kraft. Doch wer so weit ist, daß er in einer Atempause über die Stufen fluchen kann, hat es auch schon fast geschafft. Bis zum Paß ist es nur noch ein kurzes Stück.

Oben angekommen, wird man nicht selten von einem kräftigen Wind ausgekühlt und sollte sich schnell etwas Warmes überziehen. Der Name des Passes **Warmiwañusca** (4.198 m hoch) heißt übersetzt soviel wie "Paß der toten Frau", doch gibt es keine Angaben über die Herkunft dieses Namens. Läßt man seine Phantasie spielen, kommt man bestimmt auf ein befriedigendes Ergebnis.

Über weitere Inkastufen und -pflasterwege geht es auf der anderen Seite steil hinab. Wanderstöcke sind hier von großem Vorteil, um die Kniegelenke zu entlasten (☞ Ausrüstung). Auf dem Talgrund sieht man schon Pacaymayu und den Trail, der sich von dort zum nächsten Paß hinaufwindet. Vom Sattel führen zwei Pfade weiter. Man nimmt den linken, der gleich über viele Stufen hinunterführt.

Nach fünf Minuten schon erreicht man links zwischen einigen Felsbrocken eine erste schöne Stelle zum Campen. Wasser gibt es rund hundert Meter weiter an einem Bach an einer zweiten Zeltstelle. Dort gibt es auch einen Mülleimer.

Zwischen den steilen Stufenpartien befinden sich immer wieder lange, gepflasterte Geraden, die die Gelenke nicht ganz so stark strapazieren, wie die Treppenabschnitte. Außerdem muß man hier seinen Blick nicht nur darauf konzentrieren, wohin man tritt, sondern kann seine Blicke umherschweifen lassen. Besonders bei schlechterem Wetter wirkt die Umgebung sehr geheimnisvoll. Ringsum wachsen zerfurchte Steinwände in die Höhe und kratzen am Himmel und Ichugras, Bromelien und Agaven überziehen die Hänge.

Kurz bevor das Camp erreicht ist, überquert man auf einer Brücke einen Bach, der von links kommt und dort von einem kleinen Wasserfall gespeist wird.

Das Gelände von **Pacaymayu** ist recht groß. In seiner Mitte steht ein Gebäude des Nationalpark-Service, in denen Parkwächter (zu erkennen an ihren orangen Overalls) untergebracht sind. In einem Notfall können sie von hier per Funkgerät Hilfe holen. Vor der Hütte weht die Fahne Perus und die regenbogenfarbene der Inkas. Zwei Toilettenhäuschen mit kalten Duschen findet man im vorderen und hinteren Teil des Zeltlagers, der Bach fließt quer hindurch und bietet Wasser zum Kochen und Trinken (nach Behandlung). Ringsum gibt es kleine terrassierte Flächen für die Zelte.

Pacaymayu - Phuyupatamarca (10 km)

Ohne Gnade beginnt der Anstieg zum nächsten Paß sofort hinter dem Camp. Über einen teilweise gepflasterten Weg und viele Stufen geht es höher und höher, bis man nach rund 20 Minuten und einem letzten besonders steilen Treppenstück einen kleinen Aussichtspunkt erreicht.

Zurück hat man eine schöne Sicht über das Camp und bis zum Warmiwañusca-Paß, nach Norden schaut man in Richtung Urubamba Tal. Das zum Fluß führende Tal ist schon kurz unterhalb von Pacaymayu dicht bewaldet.

Oben erkennt man bereits die nahen Ruinen von **Runkuraqay**, die nach einer weiteren Viertelstunde Aufstieg erreicht sind.

⌘ Die Anordnung der Ruinen, die einen ovalen Grundriß zeigen, ist sehr ungewöhnlich für die Bauweise der Inkas. Es ist nicht geklärt, weshalb hier so vorgegangen wurde, und auch der Name ist höchstwahrscheinlich nicht richtig und auf einen Fehler von Hiram Bingham zurückzuführen. Er hatte ihn von seinen Führern wahrscheinlich falsch verstanden, denn das Wort *Runku* existiert in der Quechua-Sprache, der alten Sprache der Inkas, nicht. Die Anlage diente vermutlich als Aussichtspunkt und ein *Tambo*, ein Gasthaus für Reisende, auf dem Weg nach Machu Piccu.

In den Ruinen darf nicht übernachtet werden, doch gibt es direkt dahinter einen großen Zeltplatz, der zwar mit Mülleimern ausgestattet ist, aber kein Wasser hat. Dies muß aus dem Tal vom Bach, der durch das Pacaymayu Camp fließt, mitgebracht werden.

☹ Wie an einigen anderen Zeltplätzen zu sehen, gibt es auch hier eine kleine Müllhalde in einem Graben direkt hinter der Wiese. Selten lassen Einzelwanderer ihren Abfall hier, vielmehr stammt der Dreck von den großen Gruppen, deren Träger und Köche das Naturschutzproblem bisher leider oft nicht wahrzunehmen scheinen.

Von Runkuraqay geht es bis zur Paßhöhe noch ein gutes Stück bergauf. Etwa 200 Höhenmeter müssen überwunden werden. Nach einem anfangs geraden Weg und einigen steilen Serpentinen, erreicht man die in der Trockenzeit trübe schimmernde **Laguna Llanacocha**.

An einer Kante über den Serpentinen hatte man noch einmal einen schönen Blick zurück ins Tal und auf die Ruinen, deren typische Ei-Form man von dort gut sehen kann.

Der Zeltplatz an der Lagune (die mit dem Wort "Tümpel" besser beschrieben ist) ist wirklich sehr schön gelegen, und wer es am Abend bis hierher schafft, hat am nächsten Morgen den Vorteil, daß es nicht mehr weit ist, bis zur Paßhöhe. Allerdings gibt es auch hier kein Wasser. Das aus der Lagune sollte auch nach einer Behandlung nicht getrunken werden!

Nur 200 m weiter stößt ein dünner, von rechts kommender Pfad auf den Trail. Folgt man ihm, gelangt man an einen zweiten Tümpel, die **Laguna Salcacocha**. Auch dort haben eine Reihe Zelte Platz, aber es gibt ebenfalls kein Wasser und das der Lagune ist ungenießbar.

Gut eine halbe Stunde nach Verlassen der Ruinen steht man ganz oben am **Runkuraqay-Paß** auf 3.998 m. Bis zum Ende ist nicht ganz klar, wo tatsächlich der Übergang ins nächste Tal ist, da man ein wenig von einer großen Sendeantenne verwirrt wird, die weiter rechts auf dem Grat steht.

Wer mag, kann hier oben sein Zelt geschützt zwischen einigen Felsen aufschlagen, einen Mülleimer gibt's auch (Platz für ein bis zwei Zelte, kein Wasser).

Von der Paßhöhe bietet sich ein sehr schöner und kurzer Ausflug entlang des Grates an. Dafür klettert man zwischen einigen Steinen hindurch nach rechts weg und folgt dann einfach einem Trampelpfad. Nach rund 10 Minuten erreicht man den Endpunkt auf

In den Ruinen von Sayacmarca

einer Klippe. Von dort eröffnet sich ein wunderschöner Ausblick in Richtung Urubamba Tal und zurück über Pacaymayu bis zum Warmiwañusca-Paß, den man am Tag zuvor überquert hat.

"Bei den Ruinen von Runkuraqay hatte ich eine Koreanerin getroffen, die nur mit einem Tagesrucksack und allein mit ihrem persönlichen Führer unterwegs war. Sie hatte ihn sorgfältig ausgewählt, denn er war ein Schamane und sie sehr esoterisch angehaucht. Oben auf dem Paß sehe ich die Frau nun etwas abseits im Schneidersitz auf einer Klippe sitzen, den Rücken gerade, die Augen geschlossen, wie sie die Energie des Ortes in sich aufsaugt."

Vom Paß beginnt ein steiler Abstieg. Gleich geht es unter einem gigantischen Felsblock hindurch, der sich über den Weg gelegt hat und dann weiter über endlose Stufen abwärts. In Serpentinen windet sich der Trail am linken Hang hinab, rechts öffnet sich ein Talkessel, in dessen Mitte sich nach Regenfällen die **Laguna Yanacocha** bildet. Ist es trocken, fließt lediglich ein dünner Bach durch den grünen Grund.

Wer sich Zeit läßt und einmal eine stille Pause auf einem Treppenabsatz einlegt, kann vielleicht Kolibris ganz aus der Nähe beobachten. Die Vegetation wird nach den kargen Passagen mit viel Ichugras und wenigen Pflanzen und Büschen im vorherigen Tal hier wieder frischer. Orchideen wachsen am Wegesrand. Die gegenüberliegenden Hänge sind dicht und üppig mit Büschen und Bäumen bewachsen, die Talseite am Weg kann da nicht ganz mithalten.

Nach einer halben Stunde steilen Abstiegs beginnt eine sanfte, ebene Passage, die auf die Ruinenstadt von **Sayacmarca** zuführt. Dann erreicht man eine Weggabelung. Rechts führt der Inka Trail weiter in Richtung Machu Picchu, links bzw. geradeaus beginnt eine schmale, steile Treppe, die nach Sayacmarca hinaufführt.

Es gibt kein Geländer und neben den Stufen geht es steil hinab. Kurz vor dem Ende der Stufen passiert man einen überhängenden Felsen, an dem man leicht mit seinem Rucksack hängenbleiben und so das Gleichgewicht verlieren kann.

⌘ Der Name Sayacmarca bedeutet soviel wie "Unzugängliche Stadt" und beschreibt die Anlage perfekt. Auf einer wirklich unzugänglichen, nur über die schmale Steintreppe zu erreichenden, Felsspitze liegt die Ruine. Von hier hat man einen fantastischen Blick über das **Aobamba Tal**, das sich wild und üppig bewachsen und scheinbar undurchdringlich zu Füßen der Felskuppe ausbreitet. 1915 wurde die Anlage von Bingham entdeckt und von ihm *Cedrobamba* genannt, was als "Plateau der Zedern" zu übersetzen ist. Da es hier kaum ein richtiges Plateau und erst recht keine Zedern gibt, ist der Name unverständlich.

Als Paul Fejos, ein ehemaliger Mitarbeiter auf Binghams Expeditionen, 1940 hierher zurückkehrte, änderte er den Namen der Ruinen in *Sayacmarca*, was sehr viel passender ist. Wahrscheinlich war der Ort ein wichtiger Kontrollpunkt des Verkehrs auf dem Inka Trail in Richtung Machu Picchu. Interessanterweise sind in der näheren Umgebung keine größeren Terrassen, woraus man schließen kann, daß die Bewohner von Sayacmarca von außerhalb versorgt wurden. Direkt über dem Tal gibt es am äußersten Ende der Ruinen einen dreieckigen Platz, der sich hervorragend für eine Pause anbietet. Von dort sieht man auch den weiteren Verlauf des Inka Trails am rechten Talhang.

⛺ Von den Ruinen führt der Weg bergab zum **Río Aobamba**, an dem auch gezeltet werden kann. Hier kann man seine Trinkflaschen wieder auffüllen.

⌘ Hat man den Bach auf einer kleinen Holzbrücke überquert, läuft man schon kurz darauf an einer zweiten, sehr viel kleineren Ruine vorbei. Meist sind hier Mitarbeiter des Nationalparks untergebracht.

In einer links-rechts Kurve schlängelt sich der Weg um das Gemäuer herum und taucht dann in einen kleinen Urwald ein. Große Farne, Bambus, Gräser und Moos

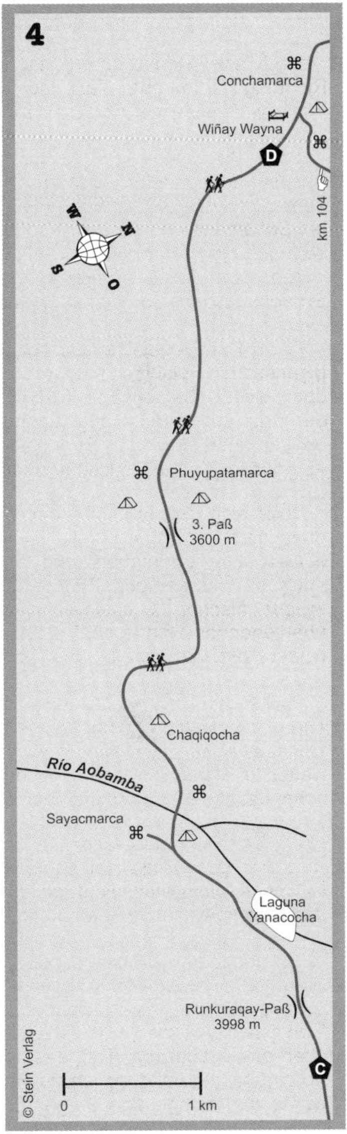

wachsen unter Bäumen, Efeu hängt von ihren Ästen. Schmetterlinge fliegen in den schattigen Zonen umher.

Nach 20 Minuten erreicht man das **Campamento Chaqiqocha**. Hier gibt es ein Toilettenhäuschen mit kalten Duschen und Platz auch für größere Gruppen. Das Camp liegt sehr schön und frei zwischen einer nahen Bergkette auf der einen und dem weiten Tal auf der anderen Seite.

Der Trail verläßt die Ebene, in der auch der Zeltplatz liegt, durch einen kurzen Anstieg. Von nun an führt der Weg immer nah am Abhang entlang und es eröffnen sich viele grandiose Ausblicke auf das Tal zur linken Seite. Rechts wächst meist direkt neben dem Trail ein steiler, grüner Hang in die Höhe.

Nach einer Rechtskurve gibt es auf der linken Wegseite eine kleine freie Fläche, auf der zwei Zelte aufgebaut werden können, fünf Minuten später folgt eine ähnliche Stelle. Die Böden sind allerdings sehr hart.

Auf Pflastersteinen geht es, meist leicht ansteigend, weiter in Richtung Westen, wo in einigen Kilometern Entfernung die Ruinen von Phuyupatamarca warten. Es dauert nicht lange, bis der Weg plötzlich um 90° nach rechts abknickt.

Wer erwartet hat, gleich am Paß zu sein, sieht sich nun getäuscht und überblickt den Weg auf weiten Strecken, wie er sich in einem großen Linksbogen, dicht an Felshängen klebend, weiterzieht. Auch der Paß ist nun schon in der Ferne zu sehen. Bis dorthin läuft man noch gut eine Dreiviertelstunde.

Nur einen halben Kilometer weiter erreicht man den berühmten **Inka-Tunnel** des Trails. Genaugenommen ist es ein Doppeltunnel: Im ersten Teil führt eine steile Treppe nach unten, im zweiten geht es ebenerdig weiter. Eine riesige Felsplatte hängt hier von oben schräg über den Weg und es ist extrem eng.

20 Minuten später hat man schon einen guten Teil des sehr schönen Weges, der immer hart am Abgrund entlang geht, hinter sich gebracht und hat zum ersten Mal wieder auch einen Ausblick nach rechts bis zum Río Urubamba.

Durch einige Rinnsale ist der letzte Abschnitt des Trails nach Phuyupatamarca etwas rutschig. Da es links sofort steil in die Tiefe geht, sollte man unbedingt aufpassen, wohin man tritt.

Erreicht man das Camp auf der Paßhöhe auf 3.600 m, ist von den Ruinen noch nichts zu sehen. Sie liegen direkt dahinter, am Fuße eines kleinen Abstiegs.

Das Camp ist eines der schönsten entlang des gesamten Inka Trails. Plätze zum Zelten gibt es in weitem Umkreis des Weges, so daß sich auch Einzelwanderer ein wenig abseits der Gruppen eine ruhige Stelle suchen können. Einziger Nachteil ist, daß es hier oben kein Wasser gibt und man dafür erst die Treppe zur Ruine absteigen muß. Dort fließt ein dünner Bach über eine Inkamauer ab. Verschiedene Pfade durchziehen den Zeltplatz und führen zu Hügeln und Vorsprüngen in der unmittelbaren Umgebung, von denen man teilweise eine sehr schöne Aussicht hat. Wenn jemand da ist, der auf das Zelt und die Ausrüstung aufpaßt, lohnt sich ein kleiner Spaziergang bestimmt.

An einem klaren Tag kann man im Süden den imposanten schneebedeckten Gipfel des **Nevado Salkantay** (6.271 m) und einige andere Bergkuppen entdecken.

Abstieg von Phuyupatamarca nach Wiñay Wayna

⌘ Die Ruinen von **Phuyupatamarca** ("Stadt über den Wolken") wurden ebenfalls von Bingham entdeckt. Anders als in Sayacmarca war seine Benennung hier recht passend, da die Stadt häufig von Wolken umwabert wird, die am Hang hinaufziehen. Die Anlage ist sehr schön gelegen und nach Sayacmarca die zweite wirkliche Ruinenattraktion am Trail.

Am oberen Ende der Anlage gibt es einen großen freien Platz, unten liegen insgesamt sechs rituelle Bäder, fünf davon in einer langen Kette direkt hintereinander. Auch heute noch fließt Wasser durch alle Becken. Die Talseite von Phuyupatamarca schließt eine große gerundete Mauerfront ab.

Da es eine große Anzahl von Terrassen gibt, spekulieren Archäologen, daß hier Getreide für die Versorgung von Sayacmarca angebaut wurde. Allerdings ist es zweifelhaft, ob die Ernte genügend erbrachte, um beide Orte zu versorgen. Der Inka Trail führt durch die Stadt und steigt über eine breite Treppe (die die Wichtigkeit von Phuyupatamarca bezeugt) in den Nebelwald ab.

Phuyupatamarca - Wiñay Wayna (6 km)

"Kurz nachdem ich am Abend im Zelt verschwunden war, hatte es angefangen zu regnen. Dicke Tropfen prasselten auf das Zeltdach, während ich es drinnen trocken und im Schlafsack gemütlich warm hatte. Als ich am Morgen die Apsis öffne, umgibt mich eine gespenstische Landschaft. Wolken ziehen über die Bergkämme und wabern um die Zelte. Alles ist triefnaß und Flüche tönen aus den Zelten, die sich Leute in Cusco ausgeliehen hatten. Keine der Stoffhütten hatte den Regen abgehalten, Schlafsäcke und Kleidung sind durchnäßt.

Die Ruinen unterhalb des Camps sind ebenfalls von Nebel und Wolken umgeben, doch wirken sie so noch viel schöner und geheimnisvoller als am Abend zuvor."

Von der Paßhöhe geht es lange bergab. Knapp 900 Höhenmeter liegen zwischen dem Camp und Wiñay Wayna, einer kleinen Siedlung mit einem Hotel und wunderschönen Ruinen. Rund zwei Stunden benötigt man bis dorthin.

Die steile Treppe hinunter vom Camp zu den Ruinen ist ein Vorgeschmack auf den weiteren Weg, der sich immer tiefer in den Regenwald eingräbt. Es geht durch die alten Mauern von Phuyupatamarca hindurch und hinter ihnen hinunter ins Grün. Bambuswald beschirmt den Weg zu beiden Seiten, doch sollte man hier die

Naturbeobachtungen lieber etwas einschränken und aufpassen, wohin man tritt. Besonders an einem regnerischen Tag ist es höllisch glatt.

Nach den ersten 10 Minuten und einer scharfen Rechtskurve kommt eine besonders heikle Stelle: Stufen wurden hier lediglich in einen rund abfallenden Felsen gehauen und sind zudem nicht besonders ausgeprägt.

Noch Anfang der 80er Jahre hatte niemand von diesem schönen Trail-Abschnitt gewußt, denn er fristete unter einer Pflanzendecke unerkannt sein Dasein. Doch nachdem ein Waldbrand die Stufen und Pflastersteine freigelegt hat, führt die Route nun etwas direkter und sehr viel schöner nach Wiñay Wayna.

Eine halbe Stunde hinter Phuyupatamarca passiert man schon die nächste, wenn auch sehr unscheinbare Ruine. Unter einem riesigen Felsüberhang ist eine einzelne Mauer gebaut worden und bis heute erhalten geblieben.

Im rechten Teil dieser Doppelhöhle könnte man zwei Zelte aufstellen. Sofern das Wetter mitspielt, hätte auch eine größere Gruppe Platz, wenn sie nur ihre Schlafsäcke ausrollen würde und auf die Zelte verzichtete.

Je nachdem, wie sich das Wetter verhält - Nebel tritt in dieser Gegend recht häufig auf - eröffnen sich auf der rechten Wegseite

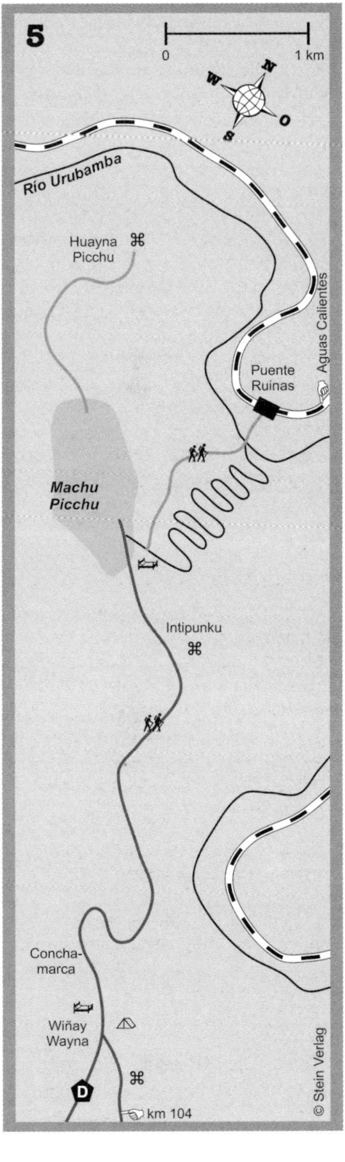

Die wunderschönen Ruinen von Wiñay Wayna

grandiose Ausblicke. So kann man etwas später auch die Ruinen von Wiñay Wayna tiefer unten an einem Berghang entdecken.

⌘ Zwanzig Minuten nach der Höhle kommt man in einer Linkskurve schon an den nächsten Ruinen vorbei. Wahrscheinlich war dies ein Tambo, eine Art Rasthaus für Reisende auf dem Weg zwischen Wiñay Wayna und Phuyupatamarca. Für eine kurze Pause bietet sich die Stelle auch heute noch an.

"Nach einiger Zeit verlassen wir den Nebel und gehen unterhalb von ihm am inzwischen sonnenbeschienenen Hang entlang. Viele Schmetterlinge flattern umher, Raupen baumeln an unsichtbaren Fäden in Augenhöhe über dem Weg oder kriechen von einer Seite zur anderen und versuchen, nicht einem der vielen Wanderstiefel, die vorbeitrampeln, zum Opfer zu fallen."

Nicht weit hinter dem Tambo geht es auf einer, von den Inkas kunstvoll in den Fels gehauenen, steilen Wendeltreppe ein Stück hinab.

Hinter der nächsten Kurve wartet ein zweiter Inkatunnel, durch den es auf einer Treppe hinunter geht. Mit jedem Schritt und jedem Meter, mit dem man an Höhe verliert, vervielfältigt sich die Vegetation wie bei einer Zellteilung. Neben den vielen Pflanzen gibt es jetzt auch mehr Insekten, die die Luft mit ihrem Summen erfüllen. Auf einem kurzen Abschnitt ragen moosbewachsene Baumleichen aus dem üppigen Blätterdach. Besonders bei Nebel sieht diese Szenerie gespenstisch aus.

Schaut man nach rechts, kann man hinunter bis zum Río Urubamba sehen und entdeckt auch eine schmale helle Linie, die sich vom Fluß hinaufzieht. Dies ist der neue Inka Trail, der sich von den Schienen bei km 104 (☞ Inka Trail ab "km 104") nach Wiñay Wayna hinaufzieht, wo er auf den alten Trail trifft.

Rund 100 Minuten hinter Phuyupatamarca steht man plötzlich am Fuße eines häßlichen Strommastes. Vom Fluß kommen dicke Kabel herauf, die die dort im Wasserkraftwerk gewonnene Energie bis nach Cusco weiterleiten. Hier teilt sich der Trail.

⌘ Geradeaus läuft man auf einem anfangs noch gepflasterten Weg zu den bereits sichtbaren Ruinen von **Conchamarca**, die auf gleicher

Wiñay Wayna - im Hintergrund der kurze Inka Trail von km 104

Höhe ein Stück weiter grün umrahmt an der Bergflanke liegen. Viele Wanderer verzichten allerdings auf einen Besuch dieser erst 1993 entdeckten und freigelegten Terrassenanlage, da Wiñay Wayna nicht mehr fern ist.

Um zum Hotel zu kommen, nimmt man den sandigen Pfad, der am Strommast rechts hinunter führt, und erreicht dort nach einer halben Stunde die wenig schöne Anlage, um nicht zu sagen, den häßlichsten Ort des gesamten Trails. In vielen Serpentinen windet sich der Weg den Hang hinunter und irgendwann tauchen die ersten roten Dächer zwischen den Büschen auf. Hat es geregnet, ist dieser Abschnitt ziemlich matschig und rutschig.

"Wir kommen um die letzte Serpentine und stehen vor dem oberen, scheinbar ungenutzten Teil der Hotelanlage. Eine große Baustelle breitet sich vor uns aus, übler Geruch, der nur einer nicht funktionierenden Toilettenanlage entströmen kann, steigt in die Nase.

Nur 100 m weiter wartet der erste fliegende Händler und verkauft am Eingang des kleinen Naturkundemuseums gekühlte Getränke und allerhand Kekse, Schokoriegel und Kaugummi zu deftigen Preisen. Da der letzte Abstieg durch brütende Hitze ging und die Aussicht auf eine Pause lohnt, gönne ich mir trotzdem eine Cola und warte im Schatten auf meine Wanderkollegen."

Das Hotel ist vielmehr eine Art Jugendherberge und bietet Unterkunft in Mehrbettzimmern (Übernachtung US$ 6/Person). Es gibt ein Restaurant, von dessen Küche ich allerdings nicht viel Gutes gehört habe. Auf Terrassen, die in weitem Umkreis angelegt sind, kann gezeltet werden. Die schönsten Zeltstellen der grauenvollen Anlage liegen für Einzelwanderer an den äußersten Stellen des Geländes. Die überwiegende Mehrheit aller Gruppentouren bleibt hier und nimmt das letzte Stück nach Machu Picchu am nächsten Tag in Angriff.

Es gibt Duschen, die für US$ 1 (warm) bzw. US$ 0,30 (kalt) auch von Wanderern benutzt werden können, die nicht im Hotel übernachten.

♦ Reservierungen für das Hotel lassen sich nur sehr schwer vornehmen. Entweder man bucht eine Tour in Cusco, die eine Nacht hier eingeplant hat oder man wendet sich an einen Veranstalter oder das Touristenbüro und bittet dort um Hilfe.

⌘ Nur wenige Minuten vom Hotel entfernt liegen die schönsten Ruinen des Inka Trails. Der Weg dorthin beginnt hinter dem Hotel und führt für etwa fünf Minuten in südlicher Richtung um einen Hang herum. Die Ruinen liegen am entfernten Ende eines großen, von Terrassen geformten Halbkreises an einer steilen Bergflanke. Entdeckt wurden sie 1941 von Paul Fejos, doch es war in den letzten Tagen seiner

Expedition und so blieb ihm nicht viel Zeit, um sie wirklich freizulegen. Ein Jahr später kam Julio César Tello und vollendete die Arbeit.

Über den Namen gibt es, wie so oft bei archäologischen Entdeckungen, viele Spekulationen. Peter Frost meint, daß sich **Wiñay Wayna** ("für immer jung") von einer Orchidee ableitet, die früher hier in Massen wuchs, heute aber nur noch selten zu sehen ist. Sie blüht das ganze Jahr über in roten, violetten und gelben Blüten.

Auf einem Pfad erreicht man oberhalb der Terrassen das runde Hauptgebäude. Aus den Fensteröffnungen überblickt man die Stadt und schaut in das tiefe Tal des Río Urubamba im Osten, zu dem der Berghang schroff abfällt. Im Hintergrund rauscht rechterhand ein Wasserfall über einen Felsen, unter den Fenstern führt eine lange Treppe hinab zum Zentrum von Wiñay Wayna. Dabei verläuft sie parallel zu zehn rituellen Bädern. Wasser war den Inkas heilig, und so gibt es fast in jeder Ruine ein Bad oder kleine Kanäle. Doch entlang des Inka Trails treten sie gehäuft auf, wie nirgendwo anders. Archäologen schließen auch daraus auf die große religiöse Bedeutung von Machu Picchu.

Am unteren Ende der Treppen erreicht man den Wohnbereich, mit sehr gut erhaltenen Gebäuden, der zur Zeit restauriert wird, um Besuchern zu zeigen, wie man vor über 400 Jahren gelebt hat.

Als noch Menschen Wiñay Wayna bevölkerten, gab es auch einen Pfad, der den Ort direkt mit Phuyupatamarca verband, doch über die Jahrhunderte ist er vom Dschungel überwuchert worden und letztendlich verloren gegangen.

☺ Auch wer am Hotel nur einen Zwischenstop einlegt, sollte sich etwas Zeit nehmen und die Ruinen besuchen. Es lohnt sich wirklich. Ich habe schon von Leuten gehört, denen sie besser gefallen haben als Machu Picchu, vor allem, weil sie nicht derart von Touristen überflutet werden.

Wiñay Wayna - Machu Picchu (7 km)

Es ist nicht mehr sehr weit von Wiñay Wayna zu der berühmten Stadt über den Wolken, und manch einer mag seine Aufregung kaum noch unterdrücken können, wenn er endlich die ungemütliche Hotelanlage hinter sich gelassen hat. Hinter jeder Ecke erwartet man nun fast, einen Blick auf Machu Picchu werfen zu können, doch bis zu diesem Moment dauert es noch einige Zeit.

Die Mehrheit aller Trekker verbringt ihre letzte Nacht in Wiñay Wayna und startet am nächsten Morgen ein, zwei Stunden vor Sonnenaufgang, um diesen am Intipunku, dem Sonnentor mitzuerleben. Da der Weg aber viel zu schön ist, um ihn im schummrigen Morgenlicht schlaftrunken und ohne einen Blick für die Umgebung zu gehen, empfehle ich, noch am Nachmittag weiterzulaufen, sich den Sonnenuntergang über Machu Picchu anzuschauen und früh am nächsten Morgen für eine Besichtigung wiederzukommen.

Dort, wo der Trail hinter Wiñay Wayna wieder beginnt, wird nachmittags gegen 14:30 Uhr eine Pforte abgeschlossen, damit sich niemand zu spät auf den Weg nach Machu Picchu macht, und unter Umständen versucht, am Intipunku zu zelten. Denn das ist seit einigen Jahren verboten und wird streng kontrolliert. Also: wer noch weiter will, sollte rechtzeitig starten.

Recht eben zieht sich der Pfad am Berghang nach Norden. Nach 400 m hat man eine gute Aussicht auf das Wasserkraftwerk tief unten im Tal des Río Urubamba. Selbst ein Schwimmbecken gibt es dort. Am anderen Ufer erkennt man die Schienen der Bahnlinie, die nach Aguas Calientes führt.

Die Vegetation begeistert auch auf diesem letzten Stück mit ihrer üppigen Dichte. Schmetterlinge fliegen umher, Vögel zwitschern, Insekten summen und undefinierbare Waldgeräusche mischen sich dazwischen. Da es neben dem teilweise schmalen Weg recht steil in die Tiefe geht, muß im Morgengrauen aufgepaßt werden. Einige Veranstalter verteilen zur Sicherheit Fackeln. Eine Stirn- oder Taschenlampe, die man am besten selbst mitbringt, ist noch besser.

"Nur noch ein letztes kurzes Stück trennt uns von Machu Picchu. Irgendwo hinter einem Hügel, einer Kurve, hinter einem kleinen Knick im Trail, wird die geheimnisvolle Ruinenstadt plötzlich vor uns liegen. Wir sind gespannt und können es kaum noch erwarten. Unmerklich steigert sich das Gehtempo unserer Kleingruppe, die auf diesem letzten Stück ziemlich international geworden ist:"

Eine halbe Stunde hinter dem Hotel wartet schon die nächste kleine Ruine in einer Linkskurve, doch nach dem Blick auf Wiñay Wayna sind diese ohnehin schon unscheinbaren Mauerreste kaum der Rede wert.

Kurz darauf kommt in einer zweiten Linkskurve eine ziemlich enge Stelle, die mit einem Geländer geschützt ist. Vorsicht, vor allem bei Schlaftrunkenheit! 10 Minuten nach dieser Stelle macht der Weg einen 90°-Knick nach links, und man steht vor den *50 gradas*, einer ziemlich steilen Treppe. Die Inkas haben sich hier wirklich Mühe gegeben, den Wanderern von heute ein paar zusätzliche Schweißtropfen abzuverlangen. Denn es ist wirklich steil: Beim Aufstieg kann man sich fast wie bei einer Leiter an den oberen Stufen festhalten.

Beim Kraxeln denkt jeder, er würde oben einen Blick auf Machu Picchu haben und so ist man viel schneller oben, als anfangs zu vermuten wäre, doch ... leider täuscht man sich. Auch oben geht der Weg weiter durch den Wald und es gibt kein Machu Picchu weit und breit. Ein kleiner Trost ist, daß es nun wirklich nicht mehr weit ist. Noch 10 Minuten geht es weiter, dann steht man vor einer letzten langen Geraden. An deren Ende erreicht man die Inkamauern des berühmten Sonnentores **Intipunku**, das einst die süd-östliche Stadtgrenze von Machu Picchu markierte.

Man tritt durch das eingemauerte Viereck und endlich ist man an dem Punkt angelangt, den man schon so lange und oft herbeigesehnt hat. Hinter den Mauern gibt es eine kleine Terrasse, vor der sich das Panorama von Machu Picchu ausbreitet.

Blick vom Intipunku auf Machu Picchu

Dort unten, hinter den Ruinen, liegt der spitze Gipfel des Huayna Picchu, unterhalb der Inkastadt sieht man den Komplex des Hotels *Machu Picchu Ruinas* und die Straße, die sich wie ein weißes Band in Serpentinen ins Tal schwingt. Früher konnte am Intipunku noch gezeltet werden, doch heute kontrollieren Mitarbeiter des INC, des "*Instituto Nacional de la Cultura*", daß alle Trekker den Ort verlassen haben, bevor der Abend hereinbricht.

Noch eine letzte dreiviertel Stunde führt der Inka Trail am Hang des Machu Picchu, des gleichnamigen Gipfels oberhalb der Stadt, entlang zu den Ruinen. Noch einmal passiert man einige Mauerreste und kurz dahinter einen riesigen Felsblock auf der linken Seite. Er stellt *pacha mama*, die Mutter der Erde dar.

10 Minuten später steht man an einem Aussichtspunkt oberhalb der sagenumwobenen Stadt (☞ Machu Picchu), die erst 1911 von dem Amerikaner Hiram Bingham entdeckt wurde.

Wer früh am Morgen hier eintrifft, kann seinen Rucksack am Eingang abgeben und dann die Mauern unbeschwert erkunden. Wer am Abend eintrifft und nicht im *Machu Picchu Ruinas Hotel* übernachtet, muß den letzten Bus nehmen, der vom Haupteingang nach Aguas Calientes im Tal fährt, wo es verschiedene Unterkünfte gibt.

Inka Trail ab "km 104"

Seit einigen Jahren gibt es für Leute mit wenig Zeit einen neuen und sehr kurzen Inka Trail, der an einer Hängebrücke am "km 104" der Bahnlinie nach Aguas Calientes beginnt, und bei den Ruinen von Wiñay Wayna auf den richtigen Trail stößt. Entweder man läuft den gesamten Weg (ca. 6 bis 7 Stunden) an einem Tag und erreicht am Nachmittag Machu Picchu oder man übernachtet im Hotel von Wiñay Wayna.

In beiden Fällen kann man alles, was für die Wanderung gebraucht wird, in einem kleinen Tagesrucksack verstauen und so unbeschwert seinem Ziel entgegenlaufen.

♦ Die Gebühr für diesen Trail fällt etwas niedriger als für den gesamten Inka Trail aus und liegt (inklusive der Eintrittskarte für Machu Picchu) bei US$ 12.

Machu Picchu

Geschichte

Es war am 24. Juli 1911, als der 36jährige Amerikaner Hiram Bingham, geführt von einem Campesino, auf die Ruinen von Machu Picchu stieß. Den Bewohnern der umliegenden Täler war die Stadt immer bekannt gewesen, doch Bingham entdeckte sie für den Rest der Welt und wird heute als "wissenschaftlicher Entdecker Machu Picchus" in den Geschichtsbüchern geführt.

Als Leiter einer Expedition, die unter der Schirmherrschaft der amerikanischen Yale University und der National Geographic Society stand, hatte er sich auf die Suche nach der geheimnisvollen Dschungelstadt Vilcabamba gemacht, die der letzte Inka Manco als Versteck und Ausgangspunkt seiner Aufstände gegen die Konquistadoren benutzte.

Statt dessen stieß er auf die Ruinen der Stadt Machu Picchu, die der neuen Welt gänzlich verborgen geblieben, und seit dem 17. Jh. in einen Dornröschenschlaf gefallen und vom Urwald überwuchert worden war. In den folgenden zwei Jahren begann Bingham mit der Freilegung der Ruinen und veröffentlichte 1915 ein Buch über ihre Entdeckung und Erforschung.

Unzählige Archäologen folgten dem Amerikaner, und ebenso viele verschiedene Theorien entstanden über die Entstehung, Funktion und den Untergang Machu Picchus. Da die Inkas trotz ihres relativ hohen Entwicklungsstandards nicht über eine geschriebene Sprache verfügten, gibt es keine Überlieferungen und somit keine gesicherten Erkenntnisse zum wahren Hintergrund der Stadt.

Bingham ging davon aus, daß es sich allein um eine Festungsanlage handelte, was er auf die - zugegeben sehr guten - Wehrfunktionen zurückführte. Er hielt religiöse Zwecke für wenig wahrscheinlich. Anders sahen das nachfolgende Generationen von Forschern und besonders eine Theorie fand viele Verfechter: Demnach war die Stadt ein Aufenthaltsort der sogenannten "Sonnenjungfrauen", die für religiöse Dienste und zeremonielle Menschenopferungen bestimmt waren. Dies bekräftigte vor allem die Tatsache, daß sich unter den gefundenen Mumien 80% weibliche Knochenreste befanden. So würde sich auch erklären lassen, warum die Existenz der Anlage so geheim gehalten wurde und anscheinend auch unter den Inkas nur eine kleine Personengruppe von Machu Picchu wußte. Denn wäre es anders gewesen, hätten irgendwann auch die Spanier davon erfahren, da sie anfangs noch von der gesamten Bevölkerung willkommen geheißen wurden und auch später noch Vertraute unter den Inkas und anderen Stämmen hatten. Doch das war nie der Fall.

Als Höhepunkt seines Schaffens wurde Machu Picchu in der ersten Hälfte des 15. Jahrhunderts vom Inka Pachacútec erbaut, der als einer

Unterstadt von Machu Picchu, im Hintergrund der Huayna Picchu

der bedeutendsten Herrscher gilt. Er dehnte das Inkareich immer weiter aus, war für den Erbau der Festungen Saksayhuaman und Ollantaytambo verantwortlich und errichtete Cusco nach einem verheerenden Erdbeben fast vollständig neu.

Die Lage von Machu Picchu ist wohl einzigartig. Auf einem künstlich geebneten Bergsattel, etwa 700 m oberhalb des rauschenden Río Urubamba, der den Gipfel zu drei Seiten umspielt, liegt die Stadt. Aus dem Tal ist nichts von diesem Glanzstück der Inka-Architektur zu sehen und so ist es nicht verwunderlich, daß es so lange unentdeckt blieb. Von oben dagegen, konnten die Inkas alles bestens überblicken und heranziehende Gefahr schon früh erkennen.

Neben der ohnehin schon fantastischen Lage, die mit einem Adlerhorst vergleichbar ist, standen den Bewohnern zwei natürliche Aussichtstürme zur Verfügung: der Machu Picchu (der "alte Gipfel") im Süden und seine Schwester, der Huayna Picchu (der "junge Gipfel") im Norden. Zwischen ihnen breitete sich die Stadt auf fast 1.000 m Länge und 500 m Breite aus.

Wegen der praktisch unbezwingbaren Felswände an drei Seiten, einer Zugbrücke und dicken Festungsmauern war Machu Picchu kaum einzunehmen. Außerdem waren alle Sektoren der Stadt zusätzlich ummauert, und die Eingänge mit großen Felsblöcken zu verschließen.

Es gab rund 200 Wohnunterkünfte in der Anlage, woraus sich schließen läßt, daß nicht mehr als etwa 1.000 Personen hier lebten. Machu Picchu war völlig autark: Auf Terrassen am Rande der Stadt, den sogenannten "hängenden Gärten" wurde Getreide angebaut und ein Kanalsystem brachte Trinkwasser heran.

Auch über das Ende der Ära Machu Picchu gibt es keine Zeugnisse. Niemand kennt die wahren Gründe, warum die Stadt plötzlich verlassen wurde und völlig menschenleer langsam vom Dschungel überwuchert wurde. Vielleicht haben feindliche Urwaldstämme die Bewohner ermordet oder eine Hungersnot sie vertrieben?

Vielleicht starben auch nach und nach mehr Menschen eines natürlichen Todes und es gab keinen Nachwuchs, da sich nur Jungfrauen in der Anlage aufhielten?

Als Bingham Machu Picchu freilegte, entdeckte er an mehreren Stellen, daß die Stadt noch nicht völlig fertiggestellt war: verschiedene Sektionen befanden sich noch im Bau. Eine Erklärung gibt es auch hierzu nicht.

Typische Fenster in Machu Picchu

Heute ist - zumindest tagsüber - mehr los in Machu Picchu als noch vor 500 Jahren. Mindestens tausend Besucher strömen in der Hauptsaison täglich über die Plätze und Treppen und entlang der historischen Mauern. Wer nach Peru reist, für den sind die Ruinen ein Muß und kein Weg führt daran vorbei. Von Cusco sind es 112 km per Bahn - ansonsten bleibt zur Anreise nur noch der Inka Trail oder ein Hubschrauber. Eine Straße führt nicht in das enge Tal.

1981 wurde von der peruanischen Regierung der "Historische Park von Machu Picchu", gegründet, der auf 325 km² neben der Stadtanlage auch das gesamte Gebiet des Inka Trails umfaßt. Zwei Jahre später erklärte die Unesco den Park zum Kulturerbe der Menschheit.

Ankunft vom Trail

Nachdem man die ehemalige Stadtgrenze von Machu Picchu, die vom **Intipunku** markiert wird, passiert hat, läuft man nach ca. 45 Minuten direkt in die Ruinenanlage hinein. Je nachdem, zu welcher Uhrzeit man ankommt, verweilt man den Tag in der Stadt oder kommt am nächsten Morgen zurück.

Wer bleiben will, muß vor einem ausgiebigen Rundgang zunächst seinen Rucksack am Haupteingang abgeben. Dann wird das Ticket abgestempelt und man kann mit der Besichtigung beginnen. Wer die Ruinen erst am Nachmittag erreicht, kann für eine Weile die Aussicht genießen, fährt im Bus nach Aguas Calientes oder übernachtet im Hotel vor dem Eingang und läßt seine Eintrittskarte erst am nächsten Tag abstempeln.

☺ Ich empfehle jedem, auf jeden Fall so früh wie möglich in den Ruinen zu sein, um den Menschenmassen, die vormittags (spätestens gegen 11:00) die Anlage durchstreifen, zu entgehen. Der Höhepunkt des Besucherstroms wird kurze Zeit nach Ankunft der Züge aus Cusco erreicht.

Am besten ist man zum Sonnenaufgang am Intipunku oder Mirador oder trifft erst am Nachmittag ein, um noch eine Nacht in Aguas Calientes zu bleiben. Von dort sollte man dann 6:30 den ersten Bus nach Machu Picchu nehmen.

⌘ Ruinen von Machu Picchu, täglich 🕒 6:30-17:30. Eintritt US$ 10 für Erwachsene, US$ 5 für Studenten und US$ 2 für Kinder. Am zweiten Tag kostet das Ticket die Hälfte.

☺ Außerdem ist es möglich, die Ruinen in der Nacht zu durchstreifen, was besonders bei Vollmond zu dem geheimnisvollen Ort paßt. Das Nachtticket kauft man tagsüber, es kostet US$ 5. Für Wanderer ist der Eintritt in den Inka-Trail-Gebühren enthalten.
Leute, die vom Trail kommen und direkt im Anschluß an die Wanderung die Ruinen besichtigen wollen, müssen ihre Rucksäcke am Eingang abgeben. Die Gepäckaufbewahrung kostet US$ 0,50.

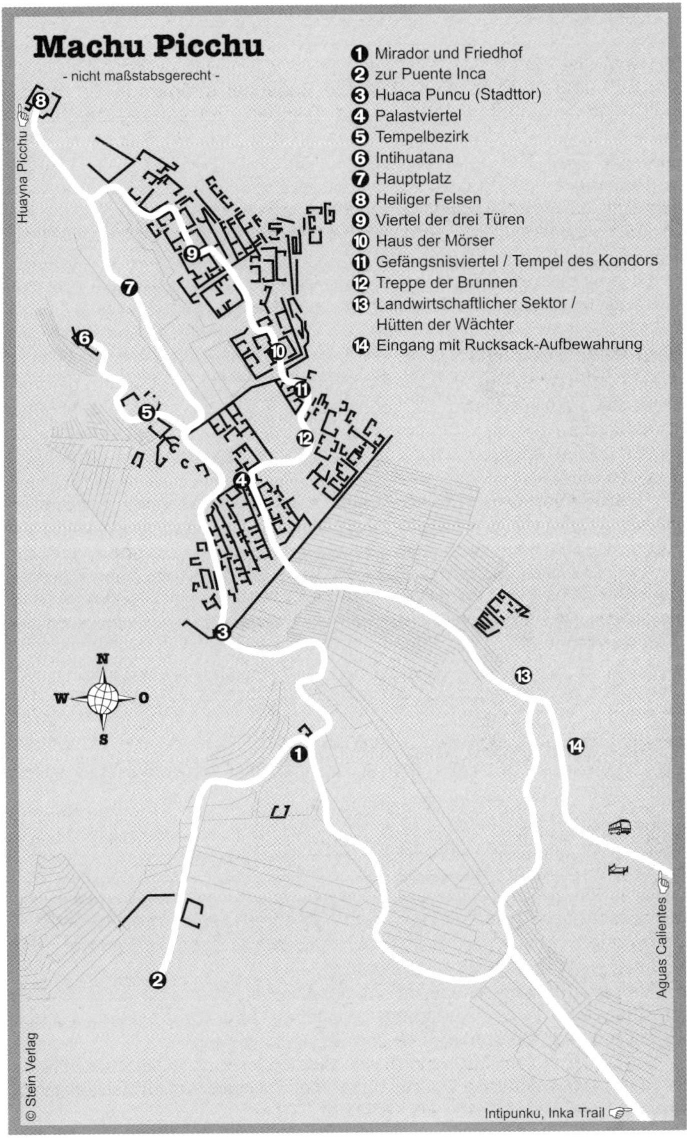
Machu Picchu
- nicht maßstabsgerecht -
1 Mirador und Friedhof
2 zur Puente Inca
3 Huaca Puncu (Stadttor)
4 Palastviertel
5 Tempelbezirk
6 Intihuatana
7 Hauptplatz
8 Heiliger Felsen
9 Viertel der drei Türen
10 Haus der Mörser
11 Gefängsnisviertel / Tempel des Kondors
12 Treppe der Brunnen
13 Landwirtschaftlicher Sektor / Hütten der Wächter
14 Eingang mit Rucksack-Aufbewahrung
Huayna Picchu
N
W
O
S
Aguas Calientes
Intipunku, Inka Trail
© Stein Verlag

Vor dem Eingang gibt es einen Kiosk mit diversen Souvenirs und Filmen (Kodak Bilderfilm, 100 ASA - US$ 5, Diafilm Elite II - US$ 7,50). Außerdem werden hier Snacks wie Hamburger u.ä. verkauft und es gibt ein Telefon.

Auf der Terrasse des Hotels befindet sich ein Selbstbedienungsrestaurant. Für viel Geld kann man dort auch frühstücken und zu Mittag oder Abend essen.

Nach Aguas Calientes: Zwischen 12:30 und 17:30 fährt ca. alle 30 Minuten direkt vor dem Hotel ein Bus nach Aguas Calientes ab. Die Tickets bekommt man an der Haltestelle direkt vor der Abfahrt (US$ 3). 8 km sind es bis ins Dorf, wobei dreiviertel des Weges über Serpentinen ins Tal führen. Oft verfolgt ein kleiner athletischer Junge den Bus, wobei er den Wanderweg nimmt und so auf direktem Weg die jeweiligen Kurven noch vor dem Fahrzeug erreicht. Dort verabschiedet er die Besucher und brüllt in einem grauenvollen Tonfall "goooood bääääääääe", um am Fuße des Berges in den Bus zu steigen und ein Trinkgeld für seine Tat einzusammeln. Da den meisten Touristen ihr gesunder Menschenverstand in diesem Moment abhanden gekommen zu sein scheint, belohnen sie ihn so reich, daß er wahrscheinlich mehr verdient, als der Busfahrer und so seine ganze Familie ernährt. Natürlich wird er unter solchen Voraussetzungen kaum zur Schule gehen, was für seine Zukunft sehr viel wichtiger wäre.

Wer nicht nur einen Tagesausflug von Cusco macht oder nach der Ankunft vom Trail noch am gleichen Tag weiter will, dem bietet sich neben vielen Unterkünften in Aguas Calientes das **Hotel Machu Picchu Ruinas** an, das am Eingang der Ruinenstadt liegt. Es ist etwas luxuriöser und nicht ganz billig. EZ/DZ ohne Ruinenblick US$ 192 (Januar bis März US$ 160) DZ mit (halsverrenkendem) Ruinenblick US$ 215 (alle Zimmer inkl. Telefon, Kabel TV, Minibar). Frühstück US$ 12,50, Mittagessen US$ 16, Abendessen US$ 20. Reservierungen in Lima: ☎ 0511-221-0826, FAX 0511-421-8283, <reserlima@peruhotel.com> <http://www.peruhotel.com>

Besichtigung von Machu Picchu

Viele Besucher - vor allem die, die gerade vom Inka Trail gekommen sind, und denen etwas Entspannung gut tut - genießen es, die Ruinenstadt ohne festes Ziel und ohne Route zu durchstreifen und dabei ihren Gedanken und ihrer Phantasie freien Lauf zu lassen, sich an einem schönen Plätzchen ins Gras zu legen oder an eine der historischen Mauern gelehnt von prunkvollen Königen, eifrigen Dienern, wunderschönen Sonnenjungfrauen, Gelehrten und ihren Schülern, Opferungen von Lamas und all den anderen Dingen zu träumen, die sich hier einst abgespielt haben mögen.

Andere Besucher wiederum wollen keinen Fleck und keine Mauer der Stadt auf ihrem Rundgang auslassen und fragen ihren Führer wißbegierig nach Informationen und Geschichten aus.

Wer allein und ohne Führer unterwegs ist, und sich trotzdem nicht inmitten der vielen Gebäude, Mauern, Treppen und Plätze verloren fühlen will, findet auf den nächsten Seiten Informationen zu den einzelnen Bereichen von Machu Picchu und kann einem beschriebenen Rundkurs folgen. Die Bezeichnungen der verschiedenen Sektoren sind zum Teil die einst von Bingham gewählten Namen, die allerdings fast allesamt spekulativen Ursprungs sind. Da es wenig neuere und gesicherte Erkenntnisse über die wirklichen Aufgaben und Eigenschaften der Räumlichkeiten gibt, müssen wir uns allerdings mit ihnen begnügen.

Auch wer vom Inka Trail kommt, muß zunächst seinen Rucksack am Eingang abgeben und sein Ticket abstempeln lassen, deshalb beginnt dort der Rundgang.

Bereits kurze Zeit nachdem man das Kartenhäuschen hinter sich gelassen hat, erreicht man den **landwirtschaftlichen Sektor**, mit den **Hütten der Terrassenwächter**, die restauriert wurden und nun ein strohgedecktes Dach tragen, wie es damals für die Häuser üblich gewesen ist.

Die Menschen die hier lebten, waren höchstwahrscheinlich mit dem Anbau von Getreide und Kartoffeln auf den kunstvoll angelegten Terrassen betraut, den sogenannten "hängenden Gärten", die sich hier in mehreren Stufen den Hang hinunterziehen.

Der Weg, der direkt vor den Hütten nach links abzweigt, führt nach einem Anstieg zum besten Aussichtspunkt der Stadt, dem **Mirador**. Dies ist der ideale Platz, um Machu Picchu in seiner Gesamtheit zu betrachten, wie es sich harmonisch in die natürlichen Gegebenheiten der Landschaft einfügt und wie ein Adlerhorst hoch über dem Talboden thront.

☺ Wer früh am Morgen hier ist, noch vor dem Sonnenaufgang, sieht die Anlage oft von Wolken und Nebelfetzen umwabert, was den geheimnisvollen Aspekt von Machu Picchu noch betont.

In der kleinen, ebenfalls restaurierten Hütte an diesem Punkt könnte eine Art Oberaufseher über die Stadt gewohnt haben. Hier endet der Inka Trail und hier haben sich Besucher wahrscheinlich anmelden müssen, bevor sie in die Stadt gelassen wurden. Eventuell lebte hier aber auch ein Aufseher über den **Friedhof**, der hinter der Hütte am Fuße des dort aufragenden Gipfels des Machu Picchu liegt.

Nahe der Hütte findet man einen sorgfältig behauenen Steinblock, der ein Opferaltar oder eine Art Tisch zum Einbalsamieren der Leichen gewesen sein könnte. In den Stein wurde, neben einigen Stufen, auch eine Öse gearbeitet, durch die möglicherweise ein Seil führte, an das die zur Opferung bestimmten Tiere festgebunden waren.

Einen Abstecher vom eigentlichen Rundgang bietet sich von hier aus zur **Puente Inca** an, einer ehemaligen Brücke der Inkas, die teilweise erhalten geblieben ist. Etwa eine halbe Stunde läuft man auf einem Pfad, der in die Westflanke des Berges gehauen wurde. Er wird schmaler und schmaler, bis die Stelle der Brücke erreicht ist. Hier hatten die Inkas den Pfad künstlich am Hang aufschütten müssen, ließen dabei aber einen Spalt, den sie mit Holzstämmen überbrückten. Drohte Gefahr, konnte diese "Brücke" hochgezogen werden, und die Lücke wurde somit unpassierbar.

Der Weg hierher ist abenteuerlich und sollte nur von schwindelfreien Besuchern begangen werden. An manchen Stellen geht es direkt neben dem Pfad einige hundert Meter in die Tiefe. Zudem ist die Spur immer wieder überwuchert und es wird vor Schlangen gewarnt, die in den Bäumen und Büschen hängen können.

Zurück am Mirador kann man ein letztes Mal die grandiose Aussicht genießen und dann den Erkundungsgang ins Herz der Ruinenstadt beginnen. Über mehrere Treppen gelangt man zur **Stadtmauer der Oberstadt**, (vor der eine Treppe nach rechts unten fast bis zum Haupteingang führt), und zum **Huaca Puncu**, dem Stadttor.

Es geht zunächst durch das Stadttor und weiter geradeaus zum **Palastviertel**. Dabei passiert man mehrere Wohnhäuser, die rechterhand vom Gang abzweigen. Am Ende des Ganges wendet man sich nach rechts und läuft über Treppen und mehrere Terrassen hinunter zum Bereich des Palastviertels.

Links liegt der **Königliche Palast**, den man durch einen mächtigen, trapezförmigen Eingang betritt, den ein schätzungsweise 3 t schwerer Monolith abdeckt. Dies, die sorgfältige Bearbeitung der Mauern und die Größe der Räume läßt auf die hohe Stellung seines Bewohners schließen. Dahinter schließt sich ein Bereich an, in dem möglicherweise die Diener des Inka untergebracht waren.

Nachdem man den Königlichen Palast durch seinen Eingang wieder verlassen hat, tritt man auf der gegenüberliegenden Seite der Treppe in den zweiten Teil des Palastviertels. Dort befinden sich das Bad des Inka, das Haus des Brunnenwärters, das Mausoleum der Könige, der Sonnentempel und der Palast der Prinzessin.

Das **Bad des Inka** ist das schönste, und ehemals wohl wichtigste Becken, in einer Reihe von 16 Bädern, die über den Hang in Richtung Unterstadt verlaufen. Das Wasser fließt durch die Kammern und fällt dabei jeweils gut einen Meter tief in eine Art Becken. Da diese zu flach sind, um wirklich als "Badewannen" gedient haben zu können, nimmt man an, daß sie für rituelle Zeremonien eines Wasserkults bestimmt waren.

Unmittelbar neben dem Bad des Inka befindet sich eine Hütte, die wohl als **Haus des Brunnenwächters** fungierte. Sie besteht lediglich aus drei Wänden und ist mit einem restaurierten Strohdach versehen worden.

Einige Schritte entfernt liegt der **Tempel der Sonne**, ein runder Turm, der perfekt bearbeitete Mauern aufweist, wie es sie schöner in Machu Picchu nicht gibt. Sie folgen der Struktur des Felsens, auf dem der *Torreón* errichtet wurde und passen sich so den natürlichen Gegebenheiten der Landschaft harmonisch an. Im Zentrum des Turmes gibt es einen Altar, der aus dem Stein des Felsens herausgearbeitet wurde, auf dem der Sonnentempel ruht.

Der Altar weist verschiedene, stufenartige Einkerbungen und Mulden auf. Eine Kante des Altars formt eine perfekte Übereinstimmung durch eines der drei Fenster mit dem Punkt, an dem am 24. Juni, dem Tag der Wintersonnenwende, die Sonne aufgeht. An der Außenseite der Fensteröffnung sind Aussparungen im Mauerwerk zu erkennen, in die möglicherweise eine Vorrichtung zur besseren Beobachtung der Sonne angebracht wurde. Ebenso findet man solche Aussparungen, Nischen und Simse an den Mauerinnenseiten des Turmes. Wahrscheinlich wurden hier Opfergaben, goldene Tafeln, Ornamente und andere Gegenstände des Sonnenkults abgelegt und befestigt.

Im Fundament des Sonnentempels befindet sich eine natürliche Höhle, die nachträglich von den Inkas bearbeitet wurde, und die vermutlich als Grabkammer diente. Durch die Lage am Fuße des Tempels der Sonne ist es unwahrscheinlich, daß hier Personen bestattet wurden, die unter den Inkas keine hohe Stellung inne hatten, weshalb der Name **Mausoleum der Könige** gewählt wurde. Bingham entdeckte hier zwei Mumien die mit Gold- und Silberschmuck verziert waren.

Ganz in der Nähe des Turmes befindet sich ein zweistöckiges Gebäude, das Bingham den **Palast der Prinzessin** nannte. An seiner Architektur erkennt man, daß es als Wohnort für eine Person hohen Ranges bestimmt war, vielleicht für eine Prinzessin. Im unteren Raum findet man Nischen in den Wänden, die als Regale gedient haben mögen. Der Boden des oberen Stockwerks, das allein über eine Treppe, die außen am Gebäude entlang verläuft, zu erreichen war, bestand aus Holzbohlen, deren Stützen man in den Wänden erkennen kann. Beide Türen weisen wieder die typische trapezförmige Inka-Architektur auf.

Läuft man die Treppe, die durch das Palastviertel führt, wieder ein Stück hinauf und wendet sich dort nach rechts, erreicht man über eine

Terrasse den sogenannten **Tempelbezirk**, der zu den schönsten Bereichen Machu Picchus zählt. Betritt ein Besucher den **Heiligen Platz**, so umgibt ihn zur linken Seite das Haus des Priesters und rechts der Tempel der drei Fenster sowie der Haupttempel.

Bingham nahm an, daß im **Haus des Priesters** der Hohepriester der Stadt lebte und seine magischen Zeremonien auf dem Heiligen Platz abhielt, auf dem ein gigantischer Felsblock liegt, der wahrscheinlich als Altar verwendet wurde.

Die Architektur des **Tempels der drei Fenster** war bei diesem Bauwerk namensgebend. Er befindet sich an der Ostseite der Plaza und besteht lediglich aus drei Mauern. Aus den Fenstern eröffnet sich ein schöner Blick auf die Unterstadt. Auch der **Haupttempel** am Nordende des Platzes besteht lediglich aus drei mächtigen Wänden. Zum Heiligen Platz hin ist das Gebäude offen. Ein riesiger Steinblock, der wohl als Altar benutzt wurde und viele trapezförmige Nischen in den Wänden zieren den Tempel.

Über eine Treppe gelangt man nun auf den exponiertesten Punkt der Anlage, eine Art Pyramide mit einer abgeflachten Spitze. Dort findet man einen weiteren kunstvoll bearbeiteten Monolithen, den man als **Intihuatana** bezeichnet. Der Name stammt aus dem Quechua und bedeutet übersetzt in etwa "Ort, an dem die Sonne angebunden wird". Aus dem Stein ragt ein Sporn ("an dem die Sonne festgebunden wurde"), der höchstwahrscheinlich astronomischen Beobachtungen diente. Neben der Sonne spielten in der Kultur der Inkas auch der Mond, die Sterne und andere Planeten eine wichtige Rolle, weshalb man ähnliche Einrichtungen zur Beobachtung der Himmelskörper in vielen Inkastätten findet. Es ist möglich, daß der aus der Mitte des Monolithen hervorragende Stein auch als Sonnenuhr verwendet wurde.

Von der kleinen Plattform hat man einen fantastischen Rundblick über ganz Machu Picchu und die Täler, die den Berg umgeben. Im Norden liegt der Gipfel des Huayna Picchu, im Süden der Machu Picchu, zu seinen Füßen der Friedhof und darunter das Palastviertel. Nach Osten überblickt man den Hauptplatz und die gesamte Unterstadt und darüber hinaus ins Tal des Río Urubamba. Auf der westlichen Seite fällt der Berg steil hinab, ebenfalls ins Tal des Río Urubamba, der Machu Picchu in einer Schleife hinter dem Huayna Picchu umströmt. Am Talgrund erkennt man auf dieser Seite auch das große Wasserkraftwerk, das einen Teil des Stroms für Cusco produziert.

Direkt unterhalb des Intihuatana liegt im Osten der **Hauptplatz**, eine große, grasbewachsene Fläche, die die Ober- von der Unterstadt trennt. Da der Platz zu beiden Seiten von Terrassen umgeben ist, die als Tribünen genutzt werden konnten, wird angenommen, daß dort Feste, wie das Inti-Raymi gefeiert wurden und sportliche Wettkämpfe von kühnen, athletischen Kriegern abgehalten wurden. Auch mag die freie Fläche als Marktplatz gedient haben.

Am nördlichen Ende des Platzes, kurz bevor man den Pfad zum Huayna Picchu erreicht (s.u.), befindet sich zwischen zwei restaurierten, strohgedeckten Häusern, der **Heilige Felsen**, dessen Kontur der des dahinterliegenden Bergzuges gleicht.

Östlich des Hauptplatzes liegt die sogenannte **Unterstadt**, die sich in verschiedene urbane Sektoren, vom Wohnbereich über das Viertel der Gelehrten bis zum Gefängnis, aufteilt. Vom Heiligen Felsen kann man einen Weg einschlagen, der einen durch diesen Teil von Machu Picchu führt. Nahe des Hauptplatzes gelegen gibt es einen Bereich, der das **Viertel der drei Türen** genannt wird. Drei in ihren Abmessungen und Erscheinungsbild sich sehr ähnelnde Türöffnungen, in den zum Platz weisenden Mauern, führen zu Räumen, die ansonsten keine Fensteröffnungen besitzen. Die Türen konnten jederzeit verriegelt werden. Eine Theorie besagt, daß sich dort die Unterkünfte der Sonnenjungfrauen befanden. Da es allerdings lediglich eine Vermutung ist, daß

Der Bahnhof von Aguas Caliente

sich überhaupt Sonnenjungfrauen in Machu Picchu aufhielten, könnte das Viertel der drei Türen auch eine ganz andere Aufgabe gehabt haben.

Nun gelangt man über einige Treppen in das **Viertel der Handwerker**. Die Räume hier waren wohl zum Teil zum Wohnen eingerichtet, andere als Arbeits- oder Versammlungsstätten. Der bemerkenswerteste Ort in diesem Sektor ist das **Haus der Mörser**, das auf der untersten der drei Ebenen liegt, in die das Viertel unterteilt ist. In dem etwa 15 m^2 großen Raum befinden sich zwei flache Steine, in die Vertiefungen gearbeitet wurden. Bingham nahm an, daß hier Mais und anderes Getreide gemahlen wurde. Vielleicht wurde auch Medizin oder Farbe fabriziert.

Südlich der hohen Mauern, die das Viertel der Handwerker umgeben, befindet sich das sogenannte **Gefängnisviertel**. An einer Mauer findet man hier drei Sitznischen, zu deren Seiten jeweils Öffnungen in den Fels gearbeitet wurden, in denen die Arme der Gefangenen hätten befestigt werden können.

Es stellt sich allerdings wirklich die Frage, ob diese Theorie Binghams der Wahrheit entsprechen könnte, da man ähnliche Gefängniseinrichtungen der Inkas sonst nicht kennt. Mehr nach ihrem Geschmack waren Gruben voller Schlangen oder Raubtiere, in die Verbrecher gestoßen wurden.

Da sich zudem in unmittelbarer Nähe der "Gefängnismauer" der **Tempel des Kondors** befindet, nehmen viele Archäologen an, daß auch die Mauer mit den Sitznischen Teil einer Kultstätte war. Der Tempel des Kondors besteht aus einem Fels und einem Turm, zu dessen Füßen sich ein Felsblock befindet, der so bearbeitet wurde, daß er dem Kopf eines Kondors gleichen soll. Der Turm stellt angeblich den Flügel dar. Da der Kondor in der Kultur der Inkas ein Symbol für Kraft und Ausdauer war, wundert es nicht, in Machu Picchu ein Abbild des mächtigen Vogels zu finden.

Jenseits des Gefängnisviertels erreicht man wieder die **Treppe der Brunnen**, die den 16 Bädern bergabwärts folgt. Vorbei am Landwirtschaftlichen Sektor und den strohgedeckten Hütten der Aufseher erreicht man bald den Haupteingang, womit die Rundtour beendet ist. Wer vor der Abfahrt noch etwas Zeit hat, kann entweder den Huayna Picchu besteigen (s.u.) oder noch ein wenig ganz in Ruhe durch die Anlage schlendern und sich irgendwo ins Gras legen.

Besteigung des Huayna Picchu

Nachdem der Weg wegen Waldbrand-Schäden für lange Zeit gesperrt war, ist es seit dem Sommer '98 wieder möglich, auf die Spitze des "Jungen Gipfels" zu klettern. Der Pfad beginnt am Nordende des Hauptplatzes, ein kleines Stück hinter dem Heiligen Felsen. Nur zwischen 7:00 und 13:00 ist der Aufstieg möglich, bis 15:00 müssen alle wieder unten sein. Außerdem muß sich jeder Kletterer vor dem Start in ein Buch einschreiben und nach der Rückkehr wieder austragen. Normalerweise benötigt man etwa eine Stunde für den Aufstieg; wer nicht schwindelfrei ist, sollte auf die Kletterpartie besser verzichten.

Vom kleinen Häuschen des Aufsehers geht der Pfad kurz herunter und führt um einen kleinen Hügel herum. Nur ein paar Schritte geht es hoch, dann steigt man steil ab zum Fuße des Huayna Picchu. Ab hier wird es wirklich steil. Der Pfad schraubt sich in Serpentinen höher und höher, direkt daneben fallen senkrechte Felswände in die Tiefe. An besonders heiklen Stellen wurden Seile angebracht, an denen man sich hochziehen und festhalten kann.

Nach etwa 15 Minuten erreicht man eine kleine Abzweigung. Hier geht ein Weg nach links weg und führt zum **Mondtempel**, einer Höhle, die in Vollmondnächten hell erleuchtet sein soll. Der Pfad gilt als recht gefährlich, und man sollte ihn nicht alleine begehen.

Auf dem Gipfelweg geht es über hohe Stufen und Absätze weiter, bis man eine erste Terrasse erreicht, und sich schon am Ziel glaubt. Doch weit gefehlt! Über eine lange Treppe steigt man zu einer zweiten Terrasse, auf der man sich nach rechts wendet und schließlich durch einen niedrigen Tunnel und weitere Treppen endlich den Gipfel erreicht.

Als hätte ein Riese mit Bauklötzen gespielt, liegen dort viele große Felsbrocken verstreut. Vielleicht waren sie Teil eines eingestürzten oder nie fertiggestellten Tempels. Von oben hat man einen fantastischen Blick auf einfach alles in der Umgebung. Klein liegen die Ruinen zu Füßen des Berges, hinter ihnen ragt der Gipfel des Machu Picchu auf, zu beiden Seiten des Plateaus sieht man den Río Urubamba strömen. Nur die anderen Kletterer, das Wasserkraftwerk im Tal und die weithin sichtbare Piste, die in Serpentinen von Aguas Calientes zum Hotel und dem Eingang der Ruinen führt, verhindern, daß man sich wie der Entdecker von Machu Picchu höchstpersönlich fühlt.

Fremdsprech

Wer in Peru unterwegs ist, noch dazu in Landstrichen weit entfernt von Städten, in denen in Schulen teilweise grundlegende Englischkenntnisse vermittelt werden, ist ohne ein paar Brocken Spanisch aufgeschmissen. Spanisch, das in Peru nicht als *español*, sondern als *castellano* bezeichnet wird, ist neben den alten Sprachen der Indianer, *Aymará* und *Quechua,* Amtssprache.

Nicht nur, daß man sich unterwegs nicht verständigen kann und u.U. lange braucht, bis man seine Wünsche mit Händen und Füßen umschrieben hat; dazu kommt, daß das Reisen einen völlig neuen Aspekt dazugewinnt, wenn man sich mit Menschen austauschen kann. Da man als *Gringo* viel Neugier weckt, kommt man schnell ins Gespräch und erfährt viel mehr über das Land und seine Bewohner.

Das Spanisch Südamerikas differiert in einigen Dingen erheblich vom Spanisch Spaniens. Bei der Aussprache beispielsweise, wird in Lateinamerika auf das Anstoßen der Zunge an die Zähne bei Lauten wie "Barcelona" verzichtet. Ganz wichtig ist auch, daß die Form von "**vosotros**" nicht existiert. "Ihr" wird immer mit der dritten Pluralform "**ustedes**" gebildet. Also fragt man mehrere Leute nicht mit "cómo etaís", sondern mit "cómo están" nach ihrem Befinden.

In diesem Kapitel habe ich Redewendungen und nützliche Vokabeln aufgeführt, die einen kleinen Grundwortschatz darstellen, ohne den man seine Reise nicht beginnen sollte. Für Grammatik-Interessierte empfehle ich Spanisch-Sprachführer, die oft auch in Verbindung mit einer Kassette angeboten werden.

Allgemeines

Hallo / Guten Morgen (Tag) / Abend	*hola / buenos días / buenas tardes*
Tschüß, Auf Wiedersehen	*ciao/adíos, hasta luego*
Danke, vielen Dank	*gracias, muchas gracias*
keine Ursache	*de nada*
Bitte	*por favor*
Ja, Nein	*sí, no*
Wie geht es Ihnen?	*Cómo está usted?*
Wie geht es Dir?	*Como estás?/Qué tal?*
Sprechen Sie Englisch?	*Habla usted inglés?*
Ich verstehe nicht.	*No entiendo*
Können Sie mir helfen?	*Puede ayudarme?*
Ich heiße...	*Me llamo...*
Verzeihung, Entschuldigung	*disculpe, perdón*
Woher kommst Du?	*De dónde vienes?*
Ich bin aus Deutschland/ Österreich/Schweiz	*Soy de Alemania/de Austria/de Suiza*

Übernachten

Können wir hier zelten?	*Podemos acampar aqui?*
Kennen Sie ein gutes Hotel / billiges Hotel?	*Conoce un hotel bueno/hotel barato?*
Haben Sie ein Einzel- / Doppelzimmer?	*Tiene una habitación simple / doble?*
Wieviel kostet eine Nacht?	*Cuánto cuesta una noche?*
Haben Sie warmes Wasser / warme Duschen?	*Tiene agua caliente/ duchas calientes?*
mit privatem Bad?	*con baño privado?*
Ich werde ... Nächte bleiben.	*Me quedo...noches.*
Können Sie meine Wäsche waschen?	*Puede lavar mi ropa?*
Haben Sie eine Gepäckaufbewahrung?	*Tiene un deposito consigna de equipaje?*

Essen

Frühstück	*el desayuno*
Tagesgericht - Mittags	*el menu del día / el almuerzo*
Tagesgericht - Abends	*la cena*
Nachspeise	*el postre*
Kaffee / Tee / Kakao	*el café / el té / el cacao*
Limonade / Fruchtsaft	*la gaseosa / el jugo (de fruta)*
Mineralwasser mit / ohne Kohlensäure	*el agua mineral con / sin gas*
Die Speisekarte bitte.	*La carta, por favor*
Die Rechnung bitte	*La cuenta, por favor*
Was können Sie mir empfehlen?	*Qué puede aconsejarme?*
Messer, Gabel	*el cuchillo, el tenedor*
Löffel, Teelöffel	*la cuchara, la cucharita*
Glas, Flasche	*el vaso, la botella*
Trinkgeld	*la propina*
kalt / warm	*frío / caliente*

Einkaufen

Haben Sie...?	*Tiene...?*
Was kostet...?	*Cuánto cuesta...?*
Wissen Sie, wo ich... bekomme?	Sabe dónde puedo *comprar (conseguir)...?*
Lebensmittel	*los alimentos*
kaufen, verkaufen	*comprar, vender*
teuer, billig	*caro, barato*
Kekse / Ei	*las galletas / el huevo*
Käse / Milch / Butter	el queso / la leche / la mantequilla
Wurst / Fleisch / Fisch	el embutido / la carne / el pescado
Reis / Brot / Kartoffeln	*el arroz / el pan / las patatas, las papas*
Nudeln (allg.), Bandnudeln	*la pasta, los tallarines*
Tomate / Zwiebel	*el tomate / la cebolla*
Gemüse / Obst	*los legumbres / la fruta*
Bier / Wein	*la cerveza / el vino*
Gramm, Pfund, Kilo	*el gramo, el medio kilo, el kilo*

Bank, Post, Behörden

Wo ist die Post / Bank/Polizei?	*Dónde está el correo / el banco / la policia?*
Wann öffnen / schließen Sie?	*A qué hora abre / cierre?*
Briefmarke / Umschlag	*el sello / el sobre*
Brief, Postkarte, Paket	*la carta / la postal / el paquete*
Bargeld / Reisescheck	*el efectivo/el metalico / el cheque de viaje*
Wie lange braucht es nach ...?	*Cuánto tiempo necesita a ...?*
Wo ist die Bank / Wechselstube?	*Dónde está el banco / la casa de cambio?*
Wie ist der Wechselkurs?	*Qué es su tipo de cambio?*
Man hat mir meine Tasche/ Rucksack / Reisepaß gestohlen	*Me han robado mi bolsa/ mi mochila / el pasaporte*
Wo ist die Botschaft / das Konsulat?	*Dónde está la embajada / el consulado?*

Gesundheit

Rufen Sie einen Krankenwagen!	*Llame una ambulancia!*
Bitte einen Arzt!	*un medico, por favor!*

Ich habe hier Schmerzen	*Me duele aqui*
Dieser Zahn tut mir weh	*Me duele este diente*
Wo gibt es einen Arzt, der Deutsch/ Englisch spricht?	*Dónde hay un médico, qué hable aleman/inglés?*
Krankenhaus	*el hospital*
Haben Sie etwas gegen...?	*Tiene algo para...?*
Erkältung, Grippe	*el resfriado, la gripe*
Kopfschmerzen / Fieber	*el dolor de cabeza / la fiebre*
Höhenkrankheit / Sonnenbrand	*el soroche / la quemadura solar*
Magenschmerzen / Durchfall	*dolor de estómago / la diarrea*
Knochenbruch, Verstauchung	*la fractura, la distorsión*
Medikament	*el medicamento*
Arzt / Apotheke	*el médico / la farmacia*
Ich habe mir den Magen verdorben	*Tengo una indigestión.*
Ich habe Durchfall	*Tengo diarrea*

Orientierung

Ich suche...	*(Yo) busco...*
Wie komme ich nach...?	*Por dónde se va a...?*
Wieviele Kilometer sind es bis...?	*Cuántos kilómetros son hasta...?*
Wann fährt der Bus nach ... ab?	*A qué hora sale el bus a...?*
Wie heißt dieses Dorf?	*Cómo se llama este pueblo?*
Wo ist ... der Bahnhof?	*Dónde está ... la estación de trenes?*
...der Busbahnhof?	*...de autobuses?*
Wo fahren die Busse nach...?	*Dónde salen los autobuses para...?*
Welche Uhrzeit fahren die Busse nach...?	*A qué hora salen los autobuses para ...?*
Bushaltestelle	*la parada*
Flughafen	*el aeropuerto*
links / rechts / geradeaus	*a la izquierda / a la derecha / todo derecho*
(Platz am...) Fenster/Gang	*asiento de ventanilla/ pasillo*
vorne / hinten	*delante / atrás*
Norden / Süden / Osten / Westen	*el norte / el sur / el este / el oeste*

Wetter

Regen / Gewitter / Wind / Sturm	*la lluvia / la tormenta / el viento / la tempestad*
Sonne / Wolken / Nebel / Schnee	*el sol / las nubes / la niebla / la nieve*

Zahlen & Tage

null	*cero*	fünfzehn	*quince*	zweihundert	*doscientos*
eins	*uno*	sechzehn	*dieciseís*	tausend	*mil*
zwei	*dos*	siebzehn	*diecisiete*	Montag	*lunes*
drei	*tres*	zwanzig	*veinte*	Dienstag	*martes*
vier	*cuatro*	einundzwanzig	*veintiuno*	Mittwoch	*miércoles*
fünf	*cinco*	dreißig	*treinta*	Donnerstag	*jueves*
sechs	*seis*	vierzig	*cuarenta*	Freitag	*viernes*
sieben	*siete*	fünfzig	*cincuenta*	Samstag	*sábado*
acht	*ocho*	sechzig	*sesenta*	Sonntag	*domingo*
neun	*nueve*	siebzig	*setenta*		
zehn	*diez*	achtzig	*ochenta*	Tage	*los días*
elf	*once*	neunzig	*noventa*	täglich	*diariamente*
zwölf	*doce*	hundert	*cien*	Woche	*la semana*

Unterwegs

Fluß / Brücke	*río / puente*	Hütte	casita
Berg / Tal	*montaña / valle*	Wald	*bosque*
Weg	*camino*	Abstieg / Anstieg	*bajada / subida*
Zeltplatz	*campamento*	See / Wasserfall	*lago / cascada*
Träger / Koch	*el portador / el cocinero*	Markt	*el mercado*
Führer	*el guía*	Laden	*la tienda*

Campingausrüstung

Schlafsack	*la bolsa de dormir*	Rucksack	*la mochila*
Kocher	*la cocinilla*	Zelt	*la tienda de campaña/carpa*
Isomatte	*la colchoneta*	Feuerzeug	*el encendedor*
Mütze	*la gorra*	Streichhölzer	*los fósforos*
Taschenlampe	*la linterna*	Stiefel	*las botas*

REISEHANDBÜCHER

	DM
Äthiopien / Dippelreither (III/98)	36,80
Alaska / Richter	34,80
Antarktis / Walther	49,80
Argentinien-Handbuch / Junghans	34,80
Australien-Handbuch / Stein	44,80
Bulgarien / Müller	24,80
Dänische Westküste / Treß	24,80
El Salvador/Honduras/Steinke/Hollerw.	34,80
Fuerteventura / Reifenberger	26,80
Gomera-Handbuch / Reifenberger	29,80
Gotland / Bohn	24,80
Die Kirchen Gotlands / Lagerl/Svahnst.	24,80
Gran Canaria-Handbuch / Reifenberger	29,80
Grönland / Köppchen & Hartwig	26,80
Holland / Wetters	29,80
Iran / Berger	36,80
Irland / Elvert	26,80
Island-Handbuch / Richter	34,80
Islands Geologie / Hug-Fleck	14,80
Israel / Kautz & Winter	26,80
Jemen / Kabasci	26,80
Jordanien / Kleuser & Röhl	24,80
Kaliningrader Gebiet / Junger & Müller	26,80
Kanadas Westen / Stein	39,80
Kanalinseln / Ferner	29,80
Kanarische Inseln / Ferner	29,80
Kiel / Hackländer	19,80
Komoren / Westenberger	24,80
Kurs Nord / Umbreit	49,80
Lanzarote / Reifenberger	26,80
Libanon / Röhl & Rosebrock	24,80
Libyen / Steinke	34,80
Lofoten und Vesterålen / Knoche	24,80
Madeira & Azoren / Jessel & von Bremen	34,80
Malawi / Hülsböhmer	24,80

	DM
Mauritius / Ellis	26,80
Mexikos Süden, Belize & Guatemala	36,80
Namibia & Botswana / Lamping	29,80
Neuseeland-Handbuch / Stein	36,80
Nicaragua / Schmidt	24,80
Ontario mit Montréal / Québec / Stein	29,80
Osterinsel / Hellmich	22,00
Phuket & Ko Samui / Bolik & Jantawat	29,80
Reisen mit dem Hund / Treß	22,00
Rocky Mountains Nationalparks	39,80
Rumänien / Müller	26,80
Schottland / Ferner	29,80
Schweiz / Kürschner	36,80
Sibirien / Zöllner	36,80
Slowakei / K. & A. Micklitza	26,80
Spitzbergen-Handbuch / Umbreit	39,80
Sudan / Benjak & Enders	16,80
Südafrika / G. Lamping	29,80
Südschweden mit Öland / Sachtl. & Boll	29,80
Syrien / Schönmann	36,80
Tansania & Sansibar / Dippelreither	36,80
Tausend Tips für Trotter, Tramper, Trav.	22,00
Teneriffa / Reifenberger	29,80
Thailand / Bolik & Jantawat-Bolik	29,80
Touren in Schlesien / K. & A. Micklitza	24,80
Travel Planet / Schramm	29,80
Tschechien - Tschech. Rep.Micklitza	29,80
Überwintern - Langzeiturlaub im Süden /Heinrich	19,80
Uganda / Lübbert	29,80
USA - Nordwesten / Richter	34,80
USA - Südwesten / Richter	39,80
Vereinigte Arabische Emirate / Röhl	22,00
Zimbabwe / Zuchan	26,80
Zwischen Sydney und Melbourne	26,80